乡村旅游与可持续生计协同效应研究

以 武 陵 山 区 为 例

刘 智 熊丽云◎著

知识产权出版社
全国百佳图书出版单位
—北京—

图书在版编目（CIP）数据

乡村旅游与可持续生计协同效应研究：以武陵山区为例/刘智，熊丽云著. —北京：知识产权出版社，2025.6. —ISBN 978-7-5130-9922-6

Ⅰ. F592.764

中国国家版本馆 CIP 数据核字第 2025Z6R184 号

内容提要

本书聚焦武陵山区，以乡村旅游与可持续生计协同发展为核心，以实现协同发展路径及乡村旅游与可持续生计耦合情景下对区域经济影响的作用机理为科学问题，从宏观区域尺度的生计资本和微观村域尺度的农户生计转型发展的角度出发，对乡村旅游与可持续生计的协同效应及其特征进行定量分析，对不同乡村旅游发展模式下农户的生计结构转型及其乡村发展中的内在功能定位进行了案例分析，梳理并分析了乡村旅游与可持续生计协同发展的内在机制，分别从发展措施、协同释放机制和保障机制等方面提出了对策建议。

责任编辑：韩　冰　　　　　　责任校对：王　岩
封面设计：邵建文　马倬麟　　责任印制：孙婷婷

乡村旅游与可持续生计协同效应研究
——以武陵山区为例

刘　智　熊丽云　著

出版发行	知识产权出版社 有限责任公司	网　　址	http://www.ipph.cn
社　　址	北京市海淀区气象路 50 号院	邮　　编	100081
责编电话	010-82000860 转 8126	责编邮箱	83930393@qq.com
发行电话	010-82000860 转 8101/8102	发行传真	010-82000893/82005070/82000270
印　　刷	北京九州迅驰传媒文化有限公司	经　　销	新华书店、各大网上书店及相关专业书店
开　　本	720mm×1000mm　1/16	印　　张	11
版　　次	2025 年 6 月第 1 版	印　　次	2025 年 6 月第 1 次印刷
字　　数	157 千字	定　　价	89.00 元

ISBN 978-7-5130-9922-6

基 金 项 目 号

1. 湖南省教育厅科学研究重点项目（23A0469）：武陵山区旅游演艺业增进民生福祉的效应测度研究

2. 湖南省社会科学成果评审委员会项目（XSP2023GLC030）：乡村旅游地居民生计向上通道的纾解路径研究

3. 湖南省教育厅科学研究重点项目（24A0426）：大国优势驱动我国制造业数字化绿色化协同转型的机制及对策研究

4. 湖南省社会科学成果评审委员会项目（XSP19ZD1019）：从招聘大数据看湖南人才引进的方向与对策

5. 国家社会科学基金项目（24BGL302）：机器人应用驱动制造业"安全降碳"的机理、效应与对策研究

目录

第 **1** 章

绪 论

1.1　研究背景

改革开放以来，我国已经有将近 8 亿人摆脱了绝对贫困，在打赢脱贫攻坚战之后，我国的工作重点转向了脱贫成果巩固与乡村振兴有效衔接。深入实施农村产业融合发展项目，培育乡村新产业新业态，促使脱贫地区发展方式和发展策略平稳转型，成为亟待关注的重要问题。脱贫成果巩固与乡村振兴有效衔接的基础是产业振兴，但现阶段脱贫地区的产业发展仍存在规模较小、可持续性较弱等问题，需要对脱贫地区现有的产业进行适应性改造，以建构具有可持续发展能力的乡村产业体系，为实现乡村振兴奠定产业基础和提供物质保障。

2013—2024 年中央一号文件对乡村旅游发展提出了明确要求，强调要将旅游业的发展打造成为农村经济增长的支柱性产业，推进乡村文化和旅游深度融合，开展文化产业赋能乡村振兴试点，提升乡村旅游特色化、精品化、规范化水平（见表 1-1）。由此可见，乡村旅游已成为促进可持续生计的重要路径和实现乡村振兴的重要驱动因素之一，有着广阔的发展前景。

表 1-1　2013—2024 年中央一号文件关于乡村旅游的表述

年份	相关内容表述
2013	发展乡村旅游和休闲农业
2015	挖掘乡村生态休闲、旅游观光、文化教育价值。扶持建设一批具有历史、地域、民族特点的特色景观旅游村镇，打造形式多样、特色鲜明的乡村旅游休闲产品

续表

年份	相关内容表述
2016	大力发展休闲农业和乡村旅游。实施休闲农业和乡村旅游提升工程、振兴中国传统手工艺计划
2017	大力发展乡村休闲旅游产业。充分发挥乡村各类物质与非物质资源富集的独特优势，利用"旅游+""生态+"等模式，推进农业、林业与旅游、教育、文化、康养等产业深度融合
2018	实施休闲农业和乡村旅游精品工程，建设一批设施完备、功能多样的休闲观光园区、森林人家、康养基地、乡村民宿、特色小镇
2019	充分发挥乡村资源、生态和文化优势，发展适应城乡居民需要的休闲旅游、餐饮民宿、文化体验、健康养生、养老服务等产业
2020	发展富民乡村产业
2021	构建现代乡村产业体系。开发休闲农业和乡村旅游精品线路，完善配套设施
2022	实施乡村休闲旅游提升计划。支持农民直接经营或参与经营的乡村民宿、农家乐特色村（点）发展。将符合要求的乡村休闲旅游项目纳入科普基地和中小学学农劳动实践基地范围
2023	培育乡村新产业新业态。实施乡村休闲旅游精品工程，推动乡村民宿提质升级
2024	实施乡村文旅深度融合工程，推进乡村旅游集聚区（村）建设，培育生态旅游、森林康养、休闲露营等新业态，推进乡村民宿规范发展、提升品质

资料来源：根据 2013—2024 年中央一号文件整理所得。

　　发展乡村旅游，对于实现产业兴旺、村民生活富裕、乡风文明具有重要意义。乡村旅游在调整农村产业结构、促进经济发展和解决剩余劳动力等方面发挥着重要作用，在乡村振兴过程中能够发挥其独特优势并做出特殊贡献。发展乡村旅游，更多的是通过完善农村基础设施、提供相关政策支持等措施，为农户获得更多收益创造良好的环境与条件，进而改变其生产生活、生计方式，实现从增加收入和生计资本到增强生计能力的可持续发展。可持续生计通过生计资本的提升和生计策略的优化，带来产业垂直布局所产生的关联效应，具体表现在旅游空间不断扩大、农村剩余劳动力有效聚集、产业结构进一步优化，在推动乡村旅游高质量发展的同时，农户生活质量明显提升，实现可持续生计与乡村旅游协同发展。因此，自然和人文风光富集的已脱贫地区利用自身资源优势，推进可持续生计适应及转变，推动乡村旅游与可持续生计协同发展，促进脱贫成果巩固与乡村振兴衔接具有重要的现实意义（麻学锋等，2020）。

　　武陵山区地处湘鄂渝黔的交错地带，为喀斯特地貌特征，曾经是国家 14个集中连片特困地区之一。改革开放之后尤其是进入 21 世纪以来，在国家一系列政策的支持下，近年来该地区的区域经济社会发展水平不断提升，农民贫困程度持续下降。但在共同富裕理念的引领下和乡村振兴战略目标的要求下，如何推进区域可持续发展，不断提升发展水平，则需要深入思考和系统探究。为此，本书从乡村旅游的角度，聚焦武陵山区的可持续生计问题（见图1-1），重在探讨武陵山区的乡村旅游发展水平如何，存在怎样的空间格局；

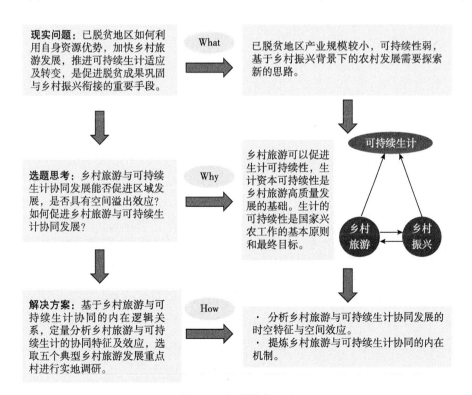

图 1-1　问题提出思路

乡村旅游与可持续生计协同发展能否促进区域发展,是否具有空间溢出效应;如何促进乡村旅游与可持续生计协同发展。

为对上述问题展开研究,本书尝试从宏观区域尺度的生计资本和微观村域尺度的农户生计转型发展的角度出发,定量分析乡村旅游与可持续生计的协同特征及效应,剖析不同乡村旅游发展模式下农户的生计结构转型及其与乡村发展的内在关系,提炼乡村旅游与可持续生计协同发展的内在机制,为资源丰富地区的乡村旅游自身定位与可持续发展提供新方法和新视角,以期为推动乡村振兴事业的可持续发展提供指引。

1.2 研究目的与意义

1.2.1 研究目的

在乡村振兴背景下,乡村旅游产业具有兼容性和综合性,能够有效缓解或解决土地荒废、文化失传、产业衰退、生计困难和人力流失等难题,增加当地农户的生计资本并优化生计策略,是推动我国农村经济发展的新型产业之一。农户生计的可持续是乡村旅游提质与发展的重要支撑,二者协同发展才能真正有助于乡村振兴战略的推进与实施。乡村旅游已逐渐纳入农户的可持续生计系统框架中,但乡村旅游与可持续生计协同发展能否促进区域发展,是否具有空间溢出效应仍需进一步探讨与明确。

为此,本书以武陵山区为例,探究乡村旅游与可持续生计的协同机理与效应,以位于武陵山区腹地的张家界地区的五个乡村旅游重点村为案例,探究乡村旅游与可持续生计协同路径与内在机制，为资源丰富地区的乡村旅游发展的定位与可持续发展提供新的理论视角及分析方法。

1.2.2　研究意义

乡村旅游和可持续生计发展之间具有较高的契合度，乡村旅游和可持续生计之间可融合构建以物质环境优化、自然生态保护、文化资源传承、劳动力吸引、社会网络扩充和乡村金融弥补为内容的功能群（史玉丁等，2018）。研究乡村旅游与可持续生计的互动机理，对于乡村旅游的政策制定和实施、发挥乡村旅游对农村社会经济发展的自身贡献具有重要的理论和实践意义，是乡村振兴战略研究的重要组成部分和研究热点。

（1）理论意义。

一是进一步丰富了乡村旅游的相关理论，并且通过引入区域发展、协同发展等理论厘清乡村旅游与可持续生计协同发展的内在逻辑关系，丰富乡村旅游与可持续生计协同发展理论内涵；二是进一步拓展了协同效应测度与评价，利用变异系数法、协同度模型、空间计量模型和面板计量模型等方法，为后续研究提供一定的理论依据。

（2）实践意义。

乡村旅游可以促进生计可持续性，生计资本的可持续性又是不断提升乡村旅游发展质量的基础。"绿水青山就是金山银山"，推动乡村旅游与可持续生计协同发展，对于自然或人文资源富集的乡村地区实现乡村振兴具有重要实践意义。

1.3 国内外研究综述

1.3.1 乡村旅游发展

（1）乡村旅游概念界定。

关于乡村旅游的定义，国内外学者非常重视乡村性的特点，重点突出了乡村旅游的地域性和文化性的研究，同时也将乡村性作为旅游吸引物突出表现（Lane，2009；王鹏等，2018）。孔翔等（2019）提出乡村旅游是由生态旅游，基于特殊兴趣爱好而产生的登山、探险等自然旅游活动，以及民俗旅游等共同构成的。通过对国内外文献的梳理，乡村旅游定义主要包含以下三个方面：一是旅游目的地在乡村，即开发乡村特有的自然风景、农民生活景观、农业生产活动及民风民俗等资源（胡宪洋等，2020）；二是旅游性，以乡村性作为旅游吸引物，建立满足游客观光、度假、休闲、健身、娱乐等众多需求的新型旅游项目，同时突出当地的地域性和文化性（徐冬等，2019）；三是可持续性，乡村旅游是以乡村环境为基础，人和环境长期相互联系、相互作用而形成的和谐统一的一种旅游方式（肖佑兴等，2001；张军等，2019）。综合国内外学者的相关定义，为了便于从宏观角度开展乡村旅游与可持续生计协同发展研究，本书对乡村旅游的广义概念界定如下：乡村旅游是基于旅游休闲目的，以村庄野外为空间，以乡村特色鲜明的自然与文化环境作为旅游体验的对象，依托农村区域的自然环境、历史建筑和民宿文化等资源，包含无生态破坏、无外在人为干扰，同时以郊野游和游居为特色的新兴旅游形式。

作为本书主要案例地，武陵山区的张家界是世界自然文化遗产地，第一批国家 5A 级旅游景区，以罕见的石英砂岩峰林峡谷地貌享誉世界，是我国最重要的旅游景区之一。武陵山区现有多个国家 5A 级、4A 级、3A 级旅游景区，还有形形色色的众多以自然风光和民俗体验为主题的小型景区和农家乐。张家界地区具有多民族聚集特征，通过文化资源和自然资源的深度交融，衍生出新型的旅游模式，包括自然风光型、文化艺术型、民俗风情型、传统劳作型及民居建筑型五大类，这些旅游资源按照本书的广义概念界定，均具有鲜明的乡村旅游特征，均可纳入乡村旅游范畴。

（2）乡村旅游发展演进。

乡村旅游最早始于欧洲，是人们追求农业经济发展和回归自然的新途径。对于乡村旅游的研究，Sharpley 等于 2004 年在《国际旅游研究杂志》专刊中，首次对乡村旅游这一特殊形式的旅游活动进行了分析和研究。我国的乡村旅游发展最早始于 20 世纪 90 年代末，在一定程度上带动了农村经济发展，拓宽了农民就业途径，促进了城乡文化交流，缩小了城乡差距（郭焕成等，2010）。

乡村旅游发展机遇的研究主要包含三个部分，分别是国家政策、游客消费意愿、信息技术发展。在国家政策方面，王庆生等（2018）从"三农"问题的角度出发，认为要解决"三农"问题，需要坚持优先发展农村农业；并通过人才支撑、基础设施及公共服务完善、资金投入和队伍优化等措施，从补短板、增就业、开拓农村产业空间等方面建设美丽乡村（黄震方等，2015）。随着乡村振兴战略的颁布及实施，在游客消费意愿方面，游客对乡村的优美环境和传统文化的关注也日益增加，对旅游服务和农副产品的要求也逐渐提升。朱长宁（2016）指出，游客愿意支付更高的价格给乡村旅游地的独特乡村风光、优质农产品、富有旅游价值或文化价值的体验项目等。单福彬等（2019）提出游客对旅游服务和农副产品的需求正逐渐发生变化，从简单的乡村住宿餐饮、特色果蔬采摘，慢慢转变为农业文化体验、乡村度假、农业养生等，对乡村旅游目的地的选择也从距离较近、交通便利，转变为文化底蕴深厚、生态环境良好、旅游资源突出的目的地。在信息技术发展方面，快速发展的信息技术强化了村民与外界的接触，有助于乡村旅游的发展。叶颖等（2016）提出信息技术的升级有助于旅游者随时进行无线网连接，实时分享旅游体验，进而吸引更多的人。程兴亚（2019）认为信息技术的发展可以为乡村旅游提供智能化服务，提高旅游服务水平，使乡村旅游逐步向智能化旅游发展与升级，推动乡村旅游项目的可持续发展。

乡村旅游尽管在国家政策、游客消费意愿、信息技术发展方面有着前所未有的机遇，但随着理论研究与实践研究的深入，乡村旅游发展中存在的局限性也日益凸显，主要包括缺乏顶层管理、旅游产业链不健全、基础设施不完善、技术人员缺乏等。在顶层管理方面，姜玉辉（2015）通过分析不同地区不同时间段乡村旅游的发展，指出政府主导在乡村旅游的发展过程中必不可少。周腰华等（2019）提出某些地区对其客源市场情况和自然资源优势不了解，盲目地进行乡村旅游开发，导致地方民族文化、特色文化、旅游产品层次开发不足，没能突出地区本身的特色，乡村旅游效益较低。在旅游产业链方面，乡村旅游关联性较强，能融合第一、第二、第三产业，延长产业链，增加农民就业机会，缓解农村剩余劳动力压力和增加农户收入。李琛等（2019）认为乡村旅游产业链具有集群效应，不仅能提升旅游品牌，还能整合资源，提高乡村旅游竞争力。在基础设施方面，方世敏等（2018）基于我国乡村旅游发展现状，指出乡村基础设施落后，很难满足旅游者的需求，且交通困难不利于旅游者的出行。在旅游技术人员方面，王志印等（2018）认为乡村旅游是一个具有发展潜力的产业，但参与乡村旅游项目开发及服务领域的主体多为外地企业和人员，他们对本地区的旅游特色、农业发展等方面的了解相对缺乏。

乡村旅游还具有益贫性。1999 年英国国际发展部（DFID）提出面向贫困的旅游（Pro-Poor Tourism, PPT）战略，之后联合国世界旅游组织（UNWTO）提出"益贫的可持续旅游发展"理念，均体现了旅游的益贫性。随着全球各地旅游业的快速发展，实践表明在经济欠发达地区发展旅游业可以显著改善区域人口的生活条件，获得较好的减贫效应（赵建昌等，2022）。但同时也有部分研究表明，旅游的扶贫效应存在"精英俘获"效应，在旅游扶贫的利益分配机制中，应建立合理的利益分配机制，确保旅游扶贫项目的可持续推进（Zeng，2018）。我国益贫市场的建设和推进在很大程度上改善了乡村旅游减贫过程中分配的不公平性问题。新华社国家高端智库发布的《中国减贫学》指出，市场配置资源以效率为原则，在公共物品领域市场会出现失灵，特别是减贫这种"准公共物品"领域，市场的理性并不友好，且随着减贫工作的推进，市场的消极性会更加突出。我国减贫过程中乡村旅游的益贫效果显著，这主要得益于在社会主义市场经济背景下，既发挥了市场经济的长处，也发挥了社会主义制度的优越性。

（3）乡村旅游产业发展水平测度。

乡村旅游产业发展水平测度的研究主要集中在乡村旅游效率以及乡村旅游发展水平的综合测评（Hwang et al.，2015；Wang et al.，2018），国内外研究者均做出了贡献。杨佳等（2020）以吉林省乡村旅游为例，从生态、经济、社会、文化等多维度构建多元化的综合体系，测度乡村旅游扶贫效率，并提出符合吉林省旅游扶贫的路径优化措施。陈佳等（2017）以三类乡村旅游为例，通过对比分析，揭示三种类型旅游开发模式的影响作用。在乡村旅游发展水平综合测评的相关研究中，国内外学者主要围绕资源、经济、社会、环境及文化等要素构建乡村旅游研究框架，对乡村旅游发展水平进行综合测评。

乡村旅游发展水平评价方法主要包括主观和客观两种赋权方法（Chase et al.，2018）。客观赋权法具体表现在变异系数法、主成分分析法、因子分析法、方差赋权法、熵权法等，具体运用熵权法和变异系数法测度乡村旅游发展水平。主观赋权法包含模糊综合评价法、层次分析法、德尔菲法等，武少腾等（2019）以四川省乡村旅游为例，利用层次分析法和模糊综合评价法，从生态环境质量、资源开发情况、社会发展水平和经济发展水平 4 个方面出发，构建包含 20 个具体指标的乡村旅游评价综合层，并指出四川省乡村旅游发展水平处于中等水平，有较大的提升空间。江燕玲等（2016）以重庆市 38 个区县为研究对象，利用超效率 SBM 模型与 ArcGIS 空间分析方法，评价各个区县乡村旅游运营效率及其空间分异，并制定差别化发展策略。

1.3.2 可持续生计研究

（1）可持续生计定义与模型框架。

根据 Chambers 和 Conway 的经典定义，生计的定义倾向于解决生存问题而采取的策略，是指基于能力、资产和活动的谋生方式。"可持续生计"最早出现在世界环境与发展委员会（WCED）的报告中，认为只有当一种生计能够应对各种脆弱性环境因素的打击，在以不破坏原本自然资源为前提的基础上增加资产总量和提升个人能力时，才能称得上是"可持续生计"。1992 年召开的联合国环境与发展大会将"可持续生计"确定为消除贫困的重要目标，可持续生计已广泛应用于农村贫困村发展问题的研究中。1995 年，在哥本哈根举行的联合国社会发展世界首脑会议和北京第四次世界妇女大会进一步强调了可持续生计对于减贫和发展的意义。可持续生计理论主要用于世界各地扶贫、减贫等项目的分析，例如世界银行、英国国际发展部等机构就此开展了大量发展中国家的贫困和发展问题的研究。

为进一步加强对可持续生计理论的分析及应用，在可持续生计定义的基础上，国内外众多机构和学者构建了生计模型框架，不同框架均涵盖了可持续生计内涵中的核心要素，并对各个要素之间的相互关系进行了明确。值得一提的是，英国国际发展部于 1999 年建立的可持续生计框架最具有代表性

（见图1-2），该框架由生计资本、生计策略、生计结构和程序转变、脆弱性背景、生计结果五部分组成，已被国内外学者广泛使用。该框架一方面从系统性角度对"生计"概念的本质进行解释，探究如何利用生计策略和生计资本来达到所期望的生计结果，并提出根除贫困的潜在机会（Baumgartner et al.，2004）；另一方面对农户生计展开分析，特别是影响农户贫困的复杂因素，例如，对影响生计活动、生计渠道、生计结果的因素和众多成分进行分析（苏飞等，2016）。此外，结合我国国情，国内学者对 DFID 模型框架进行改进，探索构建适合我国农村生计研究的全面的可持续生计框架（刘玲等，2019）。

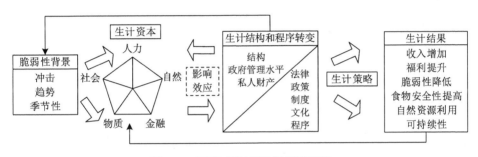

图 1-2　DFID 可持续生计模型框架

　　所有模型框架所包含的内容无外乎是由农户的人力（H）、自然（N）、物质（P）、社会（S）和金融（F）五种资本构成的生计资本五边形，而生计可持续的重要途径就是资产多元化、风险最小化和效益最大化。人力资本是指人们为了执行不同的生计策略，达到生计目标而必须具备的生产技能、文化知识、劳动技能和身体素质等。自然资本指的是人们从事不同的生计所必须依靠的各类自然资源，包括各种生物、可直接利用的自然资源（如土地、树木等）以及生态自然环境等。物质资本是指执行生计策略需要的设备设施及生产工具。社会资本是指各种社会资源，如宗教、社团、亲属及朋友等，包括上下级等垂直的社会关系或具有共同利益的共同体等横向的社会联系。金融资本主要指各类流动、存储的资金以及容易兑换的贵金属等货币或等价物。

五种生计资本紧密联系且可以相互转化，共同作用并影响生计的可持续性。

可持续生计发展理念以持续减贫为目标，强调以人为中心的研究范式和以"资产—可获得性—活动"为主线，综合了农户应对贫困、脆弱性及风险的处理能力，以及农户应对外部环境的变化和打击的适应能力等内容。可以理解为个人或家庭利用生计资本和生计策略去追求可持续的生计目标（郭华等，2020），为改善长远的生活状况所拥有和获得的谋生的能力、资产和有收入的活动。可持续生计既是一种理论和思维框架，又是一个可以在操作层面指导实践的工具。本书重点以武陵山区为研究背景，对乡村旅游多功能发展与该地区农户生计可持续性目标之间的协同作用机理进行研究，为实现脱贫地区的乡村旅游与生计可持续发展提供理论支撑。

（2）可持续生计研究进展。

近年来，国内外学者除了对可持续生计的概念、理论基础、模型框架展开研究，还基于可持续生计模型框架开展实证及应用研究（苏芳等，2009），主要集中在贫困地区生计资本、生计状况与生计策略的相互影响、空间差异等方面（苏永伟等，2015）。随着可持续生计在地理学和社会学领域的广泛应用及所形成的研究成果，越来越多不同领域的学者将可持续生计融入各自的研究领域，包括生态学、环境学和经济学等领域（苏飞等，2016；张芳芳等，2015；孙博等，2016）。Ulrich 等（2012）和 Nawrotzki 等（2012）认为在发展中国家，生计的各种投资与组合是对家庭经济影响最为核心的因素，尤其对生计策略进行定量研究后，这个因素在动态变化方面尤为明显。冯娆等（2018）将可持续生计作为寻求农户脆弱性根本原因的一种分析框架和建设性工具，并以此提出解决方案。基于我国农村经济社会变迁背景和一系列社会热点问题，部分学者运用可持续生计框架针对农村地区开展研究，拓展并深化了可持续生计研究，提高了研究的应用价值和现实意义。同时，为理解和解决农户的生计与贫困问题奠定了理论基础，提供了政策依据（崔晓明，

2018）。何仁伟（2014）研究四川省凉山彝族自治州县域农户生计资本空间差异，发现生计资本具有较强的空间聚集性。伍艳（2015）以秦巴山区为研究对象，运用可持续生计框架对其进行定量分析，发现该地区生计脆弱性明显且脆弱程度高于全国平均水平，并指出秦巴山农户陷入慢性贫困的根源在于缺乏多种生计资本。丁慧敏等（2019）以秦岭地区为研究对象，以可持续生计理论为基础构建生态旅游影响下的农户生计指标，得出该地区由较好的人力、物质资本，较差的社会、金融资本组成，并指出生态旅游的开发给农户带来了新的生计策略，降低了农户生计脆弱性风险。

（3）可持续生计测度。

农户可持续生计水平的研究方式主要包括抽样调查、参与式农村评估法（PRA）、面板计量模型分析以及样带研究法等。易俊卿等（2019）通过入户访谈和问卷调查等方法构建乡村旅游发展的可持续生计评价指标体系，并针对自然资本、金融资本、人力资本、社会资本和金融资本提出了相应建议。胡敏（2015）围绕农民生存现状、生计资本和发展条件等问题，通过实地访谈和调查问卷等方法，得出要达到丹寨县可持续生计效果，必须完善征地补偿制度、农户社会保障体系，进而提高农民自身发展能力以及帮助农民实现再就业。刘卫柏等（2019）以贵州省三个民族自治县的贫困农户为研究对象，基于农户调研数据，利用 Probit 计量分析模型和广义精确匹配方法，分析农户生计策略和收入水平受产业扶贫的影响状况。

王瑾等（2014）根据可持续生计框架的五个部分，结合目标层、准则层和指标层等层次分析思想，构建农户生计指标评价体系，利用德尔菲法、层次分析法和专家打分法确定各项指标的重要程度，并通过问卷调查访问方法，得出河北白洋淀地区缺乏人力资本、社会资本和金融资本的结论。

客观赋权法主要有熵权法、因子分析法、主成分分析法等（何焱洲等，2019）。丁慧敏等（2019）在对秦岭地区进行调研的基础上，结合专家意见与农户生计特点，构建乡村旅游视角下农户生计的相关指标体系，并采用熵权法对各项指标赋予权重。

随着可持续生计理论的发展，可持续生计的研究方法也不断改进，部分学者探讨不同方法在可持续生计理论框架中的应用性，但大部分学者仍运用英国国际发展部的可持续生计框架。考虑农户生计行为变化和农村贫困问题的复杂性，定性方法被认为是最适合进行可持续生计过程研究的一种方法（Simpson，2007）。定性方法是指采取观察、走访等方法获取农村的一手资料，分析农户生计策略选择的原因，找到生计策略变化的依据，了解不同社会情景下农户生计的选择方向（罗文斌等，2019）。

此外，将一手资料与二手资料（统计数据、报纸杂志、政府文件、新闻等）进行有机结合，归纳总结农户生计情况，有助于详细了解自然环境中农户的生计变化情况（Tao et al.，2009）。对于定性方法，定量方法显得更加科学和严谨，较为广泛应用的定量方法有相关分析（Roy，2013）、回归分析（Ahebwa et al.，2016）、Logistic 回归（Xu et al.，2019）、因子分析等。旅游发展集多样性、复杂性、系统性于一体，对旅游生计影响开展研究的方法也在相应地不断改进和优化创新，尽管主流分析框架是可持续生计方法（SLA），但部分学者对该方法进行了一些新的尝试。Nyaupane 等（2011）运用肯定式探询方法，探讨了旅游发展、生计改善和生物多样性保护之间的关系，肯定式探询法有助于理解农村农户的发展和需求优先顺序，从全新的角度看待组织。Simpson（2007）整合了多种评价指标数据收集方法，提出测量和监管旅游发展与可持续生计影响的综合评价方法。Stone 等（2016）提出大部分文献将农户生计、旅游和保护区作为单独实体，缺乏对这三者进行整合的框架，以至于难以全面地了解保护区和农户生计旅游两者之间的关联，因此提出社区资本框架，从系统的角度来分析农户生计与旅游之间的关系（唐承财等，2013；孙九霞等，2015）。Shen 等（2008）基于更广泛背景下旅游生计系统的多样性和复杂性，以缩小可持续生计与乡村旅游差距为目标，创立可持续旅游的生计方法。

1.3.3　乡村旅游与可持续生计研究

乡村旅游对地方经济发展具有重要的促进作用，能够增加地方农户就业机会和就业空间，拓宽农户收入渠道。国内外大部分学者的研究成果表明乡村旅游是一种积极的生计策略，有利于消除地区贫困，实现乡村地区可持续发展，主要体现在以下几个方面：其一，旅游项目开发及发展增加了农村就业机会，拓宽了农户就业空间（朱璇，2012）；其二，通过提供餐饮、农副产品、民宿、手工艺品等方式，有助于增加农户资本与拓宽收入渠道；其三，通过提高生计资本和提升生计策略推动农户消费模式的改变与升级（李鑫等，2015）；其四，旅游环境的改造使得农户享有更好的基础设施、教育机会、信贷机会等社会服务；其五，旅游业发展强化了农户对其传统文化的传承和弘扬，增强了农户参与旅游活动的主观意识和客观意识；其六，对于生态环境相对较脆弱的地区，旅游将生态保护与生计改善有效融合，大大缓解了环境保护和农户生计两者之间的冲突。

Stronza 等选择博茨瓦纳作为研究地，对农村生计进行实证研究，研究结果表明乡村旅游采取非农生计策略对提升当地农户的生活质量有促进作用，提高了社会效益和经济效益（宋德义等，2014）。史玉丁等（2018）基于劣势资本提升和优势资本保护降低生计脆弱性进行乡村旅游多功能发展与农村可持续生计协同研究。这些研究充分体现了参与生计活动的决策取决于生计资本现状及其变化情况，指导调整生计策略，以期实现家庭生计的可持续发展。生计策略与生计资本紧密相关，生计资本的现实状况一方面可以分析和调整生计策略，另一方面可以作为评估工具。对于农村贫困与乡村旅游而言，脱贫后返贫风险评估的重要指标是生计资本（陈超群等，2018；袁梁等，2017）。旅游作为政策性的工具，在对生计资本评估过程中探讨其贡献力度，由此提出乡村旅游发展应注意的事项。除此之外，生计资本在评估乡村生活水平和乡村旅游发展能力方面的作用得到了检验。

伴随着乡村旅游对原有生计的改造，相应的负面影响也由此产生，主要体现在以下几个方面：其一，旅游项目的开发可能限制了生计资源，破坏了生计环境；其二，旅游活动作为一种新的生计活动，对农户的综合素养和职业技能等要求较高，导致贫困地区的弱势群体出现边缘化；其三，各利益主体之间错综复杂的关系导致社会关系发生改变，农户之间的贫富差距扩大，农村社会冲突进一步加深；其四，某些地区旅游活动代替了原有生计活动，其作为农户单一生计来源，降低了农户抵御风险能力，强化了农户生计的脆弱性。旅游发展类型伴随旅游发展实践的深入存在差异，受诸多因素的制约和影响，无法保证在不同区域产生一致的正面影响。其制约因素主要归结为政府政策和管理水平（李如友等，2017）、乡村旅游开发模式、乡村旅游生计活动的外在环境和自身条件等。因此，当乡村旅游作为一种经济增收产业和新的生计策略时，在乡村发展的各个不同阶段应不断地调试和优化（Hwang et al.，2015），使乡村旅游的多功能发展与可持续生计的各个要素相互作用和相互协同，真正帮助区域农户实现生计可持续的目标。

1.3.4　文献述评

现有文献对乡村旅游、可持续生计的研究日渐成熟、丰富，相关研究成果也为本书深入研究乡村旅游与可持续生计协同发展提供了理论支撑，而前期研究成果中广泛运用的技术方法也提供了实践探索的方式和思路，但在研究视角和研究内容上还有提升的空间。

（1）已有研究对乡村旅游内涵、发展要素、模式和影响的关注较多，较少有研究从理论视角探究乡村旅游对可持续生计的影响。

已有研究重点探究乡村旅游的内涵、发展演化、测度、影响因素和路径等方面，关注乡村旅游发展本身及其对区域或农户的影响，此类成果一般均有自身的理论支撑与特定的研究方法，但较少有研究从可持续生计理论维度分析其与乡村旅游发展的关系，缺乏理论总结和理论体系的构建。

（2）已有研究多关注乡村旅游对区域发展的影响，对乡村旅游与生计可持续之间的互动联系及其空间效应关注不足。

乡村旅游的多元化功能与可持续生计理论存在较高的契合度，乡村旅游与可持续生计的协同发展对于促进乡村自然资本、社会资本、金融资本、人力资本和物质资本的发展有着重要的意义。已有研究重点关注乡村旅游定义、乡村旅游发展水平测度和乡村旅游发展驱动力等方面，对乡村旅游与可持续生计的互动联系，尤其是从可持续生计视角如何促进乡村旅游发展的研究较少；对乡村旅游与可持续生计协同发展水平测度、乡村旅游与可持续生计是否存在空间溢出效应等内容研究不足。

（3）已有研究对我国乡村旅游与可持续生计协同内在机制的本土化研究不足。

乡村旅游的发展具有减贫性，但国内外研究也表明旅游减贫可能存在"精英俘获"效应，同时，仅通过市场手段进行分配存在着很强的盲目性。我国的乡村旅游减贫与国外的减贫主体、措施和收益分配方式均存在着较大差异。正如前文所述，基于政府治理下的制度安排与政策设计是避免乡村旅游生计负面效应的关键点所在，这种合理的政策与制度势必要求强化本土化设计以及解决具体情境下的本土化问题。因此，乡村旅游与可持续生计协同内在机制研究应立足我国实践与呼应我国乡村振兴战略实施需要，以农户生计可持续性为目标，全面提升其生计资本，加强其能力建设，探索市场、政府以及社会等多行动者主体与农户自身内生性动力协同发展的机制，更好地服务于乡村振兴战略的科学决策和区域可持续发展。

综上所述，本书在梳理国内外乡村旅游发展与可持续生计文献研究的基础上，选取武陵山区及位于其腹地的张家界地区为研究对象，系统分析乡村旅游与可持续生计协同特征与机理，在确定评价指标的基础上构建研究模型，对协同效应进行测度。在实证结果与实地调研的基础上，分析乡村旅游与可持续生计协同的内在机制，以期为自然和人文资源富集地区实现可持续发展提供指引。

1.4 研究内容与方法

1.4.1 研究思路

本书首先梳理了乡村旅游发展、可持续生计的相关文献，基于经济学经典理论，较为系统地阐述了乡村旅游与可持续生计协同发展的内在逻辑关系。其次，分析了乡村旅游重点村和 A 级以上的旅游景区分布情况，研究发现，张家界是较早通过发展乡村旅游促进区域发展的地区之一，是武陵山区腹地典型的山地旅游城市。因此，选择张家界作为案例地对该区域乡村旅游发展与可持续生计的协同发展进行探究，基于理论分析构建乡村旅游与可持续生计协同评价指标体系，定量剖析乡村旅游与可持续生计耦合的空间分布特征，为后续乡村旅游与可持续生计协同发展的空间效应研究提供支撑。接下来，运用面板和空间计量模型，测度乡村旅游与可持续生计协同发展所产生的空间效应，研究二者在协同发展过程中存在的空间自相关和空间溢出情况。最后，以前述章节理论分析和实证结果为依据，针对乡村旅游发展与可持续生计协同效应存在明显的区域差异进一步探究，选取位于武陵山区腹地的张家界地区五个典型村庄作为案例地，通过实地调研和深度访谈等方法，以行动者网络理论为基础，分析不同案例地乡村旅游发展过程中村民生计转型与乡村可持续发展之间的关系，以期为同类型区域的乡村发展提供经验借鉴。在此基础上，对乡村旅游与可持续生计协同发展的内在机制进行了归纳和提炼，进而分别从发展措施、协同释放机制和保障机制等方面有针对性地提出了对策建议。具体研究技术路线如图 1-3 所示。

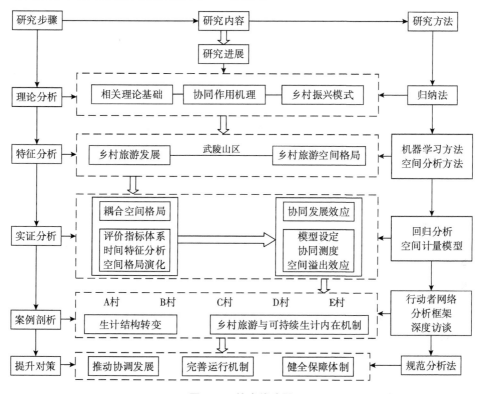

图 1-3　技术线路图

1.4.2　研究内容

本书具体研究内容主要包括以下八个部分。

第 1 章绪论。系统阐述选题的思考、意义与实施路径，提出本书的创新之处。

第2章理论基础与机理分析。首先，简要回顾并梳理区域发展理论、行动者网络理论、协同发展理论的主要思想、研究内容和借鉴意义，确保研究对象选择的针对性与清晰度，为乡村旅游与可持续生计协同效应提供理论支撑；其次，阐述乡村旅游对可持续生计作用机理、可持续生计促进乡村旅游发展作用机理、乡村旅游与可持续生计互动机理。

第3章乡村旅游空间格局分析。采用乡村旅游示范村、美丽休闲乡村、传统村落和A级以上旅游景区等数据对武陵山区的乡村旅游发展水平进行综合评估。

第4章乡村旅游与可持续生计协同时空特征。通过构建乡村旅游与可持续生计系统指标体系，运用变异系数法和耦合协调度模型对2005—2020年张家界乡村旅游与可持续生计的耦合度和协调度进行测算，分析耦合协调度的空间格局，并运用地理探测器数据对其驱动机制进行定量分析，找寻协同发展效应的时间异质性和空间异质性的主要影响因素。

第5章乡村旅游与可持续生计协同及空间溢出效应。通过协同水平、人均收入两个变量建立面板计量模型，定量测度乡村旅游与可持续生计协同效应，然后基于空间因素构建协同空间计量模型，分析空间溢出效应。

第6章乡村旅游与可持续生计协同路径探究。采用案例分析的方法，通过实地调研和深度访谈以及结合行动者网络分析框架，对张家界地区五个典型案例村乡村旅游发展过程中村民生计转型与乡村可持续发展互动进行了探究。

第7章乡村旅游与可持续生计协同发展机制及对策建议。基于理论和实证结果，首先对乡村旅游与可持续生计协同发展的内在机制进行了剖析；其次，分别从推动乡村旅游与可持续生计协同发展、因地制宜地以乡村旅游促进产业融合、提升乡村旅游减贫的韧性和可持续性等维度提出了乡村旅游发展与生计可持续的政策建议。

第 8 章研究结论与研究展望。在理论研究和实证分析的基础上，凝练出主要结论，总结研究中存在的不足并对后期研究提出展望。

从研究内容看，第 1~2 章是本书的基础，第 3~6 章是本书的核心内容，第 7~8 章是本书的落脚点。

1.4.3　研究方法

（1）归纳法。

运用归纳法整体把握乡村旅游与可持续生计协同研究进展，明确选题和研究内容；引入协同发展、区域空间经济、行动者网络等理论，厘清乡村旅游与可持续生计协同内在逻辑关系，对协同发展中的内在机制进行演绎归纳；在实证结果的基础上归纳总结乡村旅游与可持续生计协同效应提升对策。

（2）地理信息系统（GIS）空间分析法。

利用 ArcGIS 分析工具在运用变异系数法和协同度模型定量测度协同水平的基础上，剖析乡村旅游与可持续生计协同水平时空格局演化特征，为后续探讨乡村旅游与可持续生计协同空间溢出效应提供依据。

（3）田野调查和访谈法。

选定五个典型案例村进行实地调研，对案例村乡村生计转型模式进行深入了解，获取案例村村民的生计结构类型；同时，采用半结构式访谈的方法对乡村主要的干部和部分村民进行访谈，访谈时间均在 30 分钟以上，同时在被访谈者同意的情况下对访谈内容进行了录音和记录，保障了访谈的质量和有效性。

1.5 研究可能的创新

(1) 乡村旅游与可持续生计既存在协同发展特征也存在空间溢出效应，可以为同类区域乡村旅游驱动乡村振兴的发展模式提供逻辑起点。

本书研究结果表明，乡村旅游发展与可持续生计存在协同性特征，同时二者的协同存在空间溢出效应，旅游资源富集地区乡村振兴既要以可持续生计为目标，也要以可持续生计的框架为指导，进而提升理论与实践的操作性，最终实现乡村旅游与可持续生计的协同发展。

(2) 分析结果为可持续生计分析框架的进一步完善提供了文化维度上的参考。

传统的生计资本关注人力、自然、物质、金融和社会五种资本，不同的生计资本关注的维度不同，当前应用较为广泛的可持续生计分析框架基本上停留在对上述五大资本的关注，而对乡村文化资本的关注有所不足。本书的田野调查则发现了乡村的文化维度是乡村可持续发展不可或缺的重要方面，乡村文化的发展可以促进村民生计向多元化方向转变，从而有利于村民生计韧性的增强和可持续生计能力的提升。

(3) 在案例研究的基础上，尝试性地提炼乡村旅游与可持续生计协同发展的内在机制，进行理论与实践之间的对话与创新。

基于协同发展理论和乡村旅游发展特点，本书立足典型案例村乡村旅游发展模式下村民的生计结构转型，构建乡村旅游发展与可持续生计行动者网络，并结合我国乡村振兴发展实践，总结出不同地区因地制宜发展乡村旅游的路径方向，归纳提炼了乡村旅游与可持续生计协同发展的核心机制，具有一定的理论创新性。

第 ❷ 章

理论基础与机理分析

2.1　理论基础

2.1.1　区域发展理论

区域发展理论分为传统区域发展理论和新区域发展理论，在经历多年理论发展和实践探索后，已成为经济地理学和有关区域科学的理论核心。传统区域发展理论侧重宏观层面的研究，具体包括地域生产综合体理论、二元结构理论、点轴渐进扩散理论、工业区位论、中心地理论、经济增长极理论等。新区域发展理论强调特定区域本身，侧重竞争优势、区域创新、产业聚集等方面的研究。区域发展理论对乡村旅游与可持续生计协同发展的借鉴意义在于：在研究认识方面，强调微观与宏观分析相结合；在区域空间发展方面，侧重区域内部之间的经济联系，并与基础设施、生态等生计资本相联系；在发展机制方面，发挥人的创新性和主观能动性（李兰冰，2020）。本书从经济增长极理论和空间结构理论对具体的研究进行阐述。

（1）经济增长极理论。

1950 年法国经济学家 Francois Perroux 首次提出增长极概念，认为各地区经济量并不是以相同速度提升，主导部门组织的有活力的高度关联的产业带动人才、技术和资金在优势区域集中，通过涓滴效应和极化效应影响相邻地区。涓滴效应也称为扩散效应，扩散效应促进生产要素向外围转移，带动相邻地区经济发展。极化效应也称为聚集效应，聚集效应主要表现为人才、技术和资金等要素向某一地方聚集，具有创新性的企业聚集之后通过各种途径影响邻近地区和其他产业发展。

（2）空间结构理论。

空间结构理论旨在阐述经济内部的各部分和各类型在指定区域内的空间互动，以及在一系列空间作用之后所形成的关于聚集的程度和规模。传统经济学理论研究通常以"完全竞争""规模报酬不变"作为基本假设前提，但这种分析方法在实践中逐步显现出弊端与不足。因此，Krugman（1991）沿用垄断竞争 D-S 假设，在规模收益递增的假设下，提出空间结构理论的"中心—外围"结构模型。聂铭等（2015）提出"点线带圈面"的空间理论，阐述了旅游空间的异质性特征。这类模型认为在规模较大的经济区域，由于考虑到运输成本、特色旅游资源所处位置，在劳动力市场、市场潜能等作用下形成空间聚集。

借助乘数理论、空间结构理论，以经济增长的聚集效应和扩散效应互动关系为理论依据，从乡村旅游地理空间区域分布和相关产业聚集发展能力的角度出发，探讨乡村旅游相关产业协同和空间协同之间的关联性（吴海涛等，2015；张英龙等，2019）。

（3）区域聚集效应。

Krugman（1991）以规模报酬递增为基础，论述规模经济、交通成本和多样化偏好的集中出现，以及由规模报酬递增引起的经济活动在地理空间上的集中性。一般情况下，聚集是行业或产业在地理空间上的低层次集中，乡村旅游发展是中等层次的报酬递增现象，区域不平衡是高层次的报酬递增现象。因此，聚集的组织形态即经济活动在地理空间上的集中可实现报酬递增。聚集和增长是区域发展理论的核心内容之一，在经济发展过程中，空间和时间是其根本属性，并对应经济活动向小范围聚集和经济发展的持续性。事实上，聚集和经济增长互为内生性，区域经济增长会引发要素向区域范围内聚集，而聚集会引发区域经济增长。经济发展是一个循环作用的长期过程，是人口、产业等逐渐向乡村旅游景点局部聚集的过程，这种类型的聚集有助于提升周边农户的工资收入，实现经济增长（李凤梅，2018），这种现象本书称为"区域聚集效应"，可以在一定程度上避免传统意义上的聚集效应所导致的对周围落后地区的不利影响，即"回波效应"，改变各种生产要素向单一增长极的回流和聚集所产生的扩大地区经济发展差距的趋势。

乡村旅游与可持续生计协同发展将引起空间资源配置优化，促进产业专业化、产业分工明确，形成规模经济，产生区域中心增长极，实现空间上的协同发展，继而产生区域聚集效应，加速农村劳动、技术、资本等要素向旅游地聚集，为当地农户提供较多的就业机会，从而带来农户收入普遍增加，最终实现生计可持续。

1）增加农户工资性收入。一方面，旅游景点作为乡村经济发展区域聚集点，可直接提高当地农户的就业率，调整并优化农户生计策略。特别是旅游项目开发和建设，如住宿、餐饮等旅游服务项目；另一方面，乡村为激发持续的经济活力，将充分发挥乡村旅游的产业关联效应，促进旅游业、工业、农业融合，推动产业结构升级及调整，将剩余劳动力转向旅游服务、农产品经营等，创造较多的就业机会，整体提升农户工资性收入。

2）加大政府资金支持力度。一方面，根据经济增长极理论，资金、技术、劳动力等生产要素在某一地区集中后，易产生增长极或增长点。该增长点上乡村旅游与可持续生计协同水平较高，可产生较大的聚集作用，促进区域经济增长。另一方面，乡村旅游与可持续生计协同发展带来的经济总量倍增，有助于政府对各种资本的投入。

3）增加经营性收入。一方面，乡村旅游与可持续生计协同发展有利于推进农村供应链资源，畅通特色农产品流通，促进农产品增值，增加农户的农业相关收入；另一方面，由于农村交通、信息等闭塞，农户往往停留在供应链上游，与运输、销售等产业链中下游环节脱节，在供应体系中处于不利地位。而乡村旅游的发展促进了农户社会网络资本的完善，能够帮助农户快速获取市场信息，甚至有时农户可直接参与农产品销售环节，通过供应链的延伸与拓展实现增值。

（4）全域扩散效应。

扩散效应旨在描述位于中心区域的周边地区因为中心区域的发展而受益的过程，具体表现为各种资本增加、人力聚集，从而有效推动本地区发展并逐渐缩小与中心区域的差距。乡村旅游的特点是随着旅游景点的不断被开发，相应地会把资金、客流及旅游从业人员从传统的比较发达的旅游聚集地吸引过去，使更广大的乡村地区和农户从中受益，本书称为"全域扩散效应"。这个过程必须由政府采取积极干预或政策引导来刺激传统增长极周围落后地区的发展，而不是消极等待发达地区的扩散效应。

乡村旅游与可持续生计协同发展加速了资金、劳动力、技术等生产要素在空间上的流动，打破了其在空间上的壁垒限制，促进要素或经济活动由区域中心向外围输出，形成全域扩散效应。在规模经济的作用下带动相邻地区的经济增长，增加农户收入，出现空间溢出效应。主要体现在以下两个方面。

1）生产要素空间流动。乡村旅游与可持续生计协同水平相对较高的地区会产生区域中心增长极，根据边际递减规律，协同发展会引发当地农户收入边际递减，进而导致劳动力、资金、技术等逐渐向相邻地区输入，实现整个区域资源空间配置优化。协同发展水平较高的地区，有助于加快该地区基础设施建设、养老和医疗等公共服务体系的建设及完善，促进农村产业多样化及产业结构升级，从而形成群体扩散现象，促进整体经济增长，提升农户收入，最终实现全域减贫目标。

2）空间溢出效应。产业空间布局随着乡村旅游与可持续生计协同发展过程而动态调整，一方面，有利于加强全域各地区之间的经济关联，强化全域合作，减少空间壁垒限制；另一方面，有利于优化全域空间结构，缩小各区域经济发展的差异。

2.1.2 行动者网络理论

科学社会学领域中最早出现了行动者网络理论（actor-network theory），受到 19 世纪结构主义思想的影响，采用结构化或者半结构化的方法分析不同类型要素和整个事件发生过程的关系。20 世纪 80 年代中期，Callon 等多位学者提出了行动者网络理论。该理论的核心内容是作为研究主体的研究人员需要对整个事件系统和网络要素进行分析，探究整个事件的发展过程，事件推进的驱动力和行动者是什么或者是谁，网络中的行动者可以是人也可以是物。将乡村系统的各类要素和关系网络联系起来是行动者网络理论的特征和优势，将包括人类和非人类的存在和力量等行动者的社会关系进行整合，同时构成行动者要素体系的还有民俗风情、动植物、河流、土地利用等。

已有研究将行动者网络引入乡村研究范畴，分析乡村的转型与发展，如 Ren（2011）将非人类的行动者主体和本体论等概念引入乡村旅游中，阐述了奶酪这种旅游产品是如何在工艺水平、传统文化、旅游、立法和卫生等方面生存和发展的。Paget 等（2010）学者运用行动者网络分析方法研究了人类与非人类行动者之间的相互关系是如何影响滑雪旅游公司创新能力的，并对其产品进行了改进和创新，指出对该网络关系的研究有助于了解如何在旅游地内部配置资源从而创造独特的产品。

空间关系和复杂网络可以通过行动者网络进行有效联系，这为解释时空的变化过程提供了一个崭新的视角。行动者网络有三个关键的核心概念和要素，分别为行动者、网络和转译。其中，人类或非人类的主体和力量均可纳入行动者，而行动者利益的转译则决定了网络的发展和稳定情况（Jensen，

2001）。行动者是整个行动者网络中最重要的要素之一，行动者推动整个网络的发展，通过与其他行动者互动和相互影响而形成自身的独特属性。行动者的差异，导致其行为方式和利益取向等方面都存在差异，异质性的网络就是由所有的行动者及其相关活动所构成的。

行动者网络研究的核心内容之一是转译，转译是通过构建不同行动者的异质性网络，从而产生行动者之间的相互影响和相互联系，不同实体的意义赋予就是由转译过程实现的，研究问题和各主体利益的转译、征召，以及动员等相关基本环境共同构成了转译过程。行动者关注的对象问题化是研究问题呈现的核心，并通过对象问题化形成网络系统，同时实现其他行动者目标的强制通行点就是核心行动者的问题。行动者理论中的另一个核心是"利益赋予"，指通过各种装置和策略在问题呈现环节强化对行动者角色的界定，并产生"征召"行动者成为联盟成员的结果。另外，建议者地位上升成为网络联盟代言人并行使权利，这个过程称为"动员"（杨忍等，2018）。

行动者网络理论由三大要点组成，分别是对等性原则、关注行动者网络以及强调转译过程。对等性原则是指研究对象的所有人和事物都可以是行动者，行动者是实体的人类行动者和非人类行动者，应该以对等的眼光来看待人类行动者和非人类行动者，尤其是试图解释或者描述的事物，都应该以对等的眼光来处理，研究中不应存在人与物的二元分类方法（Latour，2005）。关注行动者网络原则是指行动者网络的构建是该方法的核心内容，行动者网络的构建并不是一成不变的，当核心的行动者及其利益诉求发生变化时，会引起不认同该目标的行动者退出和新的行动者加入。因此，对于项目的研究应重点关注其异质性行动者网络的演化，以及网络中不同行动者的变迁。此外，转译的原则也是项目研究推进过程中需要关注的核心内容之一，通过转译的过程，研究者可以对行动者网络中的各种类型关系进行梳理，如行动者和行动者之间的关系、网络结构和行动者之间的关系、网络发展目标的演化和最终趋势等内容。

2.1.3　协同发展理论

协同发展理论由德国的理论物理学家 Haken 在 20 世纪 70 年代提出，是研究开放系统内部的不同子系统之间通过相互作用、相互影响而产生的协同效应，这种协同效应使得系统整体从无序向有序演变。同时，Haken 还提出，通过系统内部的协同作用，不仅可以使系统的状态从无序向有序转变，也可以从有序向无序转变。Haken 指出，由于我们研究的对象一般都是由诸多子系统构成的整体，从而产生区域的或者宏观的结构和功能。因此，协同发展理论的提出可以为系统整体的发展提供指引。协同发展理论试图从一般性的角度探究系统整体的发展变化，这里的子系统既可以是非生命子系统，也可以是生命子系统，甚至可以是人类的精神世界。

系统表现出的无序性，是因为其内部存在使系统表现出不同状态的各种因素，这些因素相互影响、相互作用，没有任何一种因素具有压倒性的优势；当系统的环境处于某种条件或者阈值时，系统就会出现两种或多种因素势均力敌的情形，或者某一种因素占据主导地位，从而使系统产生相对稳定的状态，这种状态产生的过程一般都是在一定的外部环境条件下，是系统自组织的过程，在过程中需要与外部环境的能量与信息进行交换。因此，系统的状态不论是有序还是无序，都是多重因素共同作用的结果。

协同发展理论的两个核心概念是非平衡相交和序参量，具体表现为系统要素间或子系统间的竞争与合作，从而实现从无序到有序的转变过程。序参量是指一个或若干个控制变量，能够支配系统要素或子系统的行为及子系统间的协调合作。具有一定结构和相关功能的事物集合在一起构成系统，而系统里的多个子系统相互作用、演化，逐渐形成竞争和协同的关系。系统分为开放系统和封闭系统，开放系统旨在促进物质、信息、能量之间的交换，推动系统转换的有序发展，进而实现系统间的耦合发展。反之，封闭系统中的物质、信息、能量不能进行交换，系统的无序发展导致系统衰退，更无法出现系统间的耦合。

协同发展理论被广泛应用于社会科学中，区域协同发展是协同理论应用最为广泛的一个方面。有学者认为，在城市群发展的过程中，内部的各个城市子系统之间存在着相互影响、相互合作、相互干扰和制约的非线性关系，多个城市构成的城市区域或者城市群系统，由于相互作用和影响呈现出某种程度的协同规律，如城市之间的竞争关系、合作关系和共生关系等，不同关系都必须使城市之间的不同因子保持协调发展和动态平衡，这样才能促进系统的可持续发展。

张家界作为旅游脱贫的典型区域，乡村旅游建设是推进武陵山区张家界乡村振兴进程的重要举措。根据地区特点，本书拟采用"协同（区域聚集+全域扩散）—收入增长—乡村振兴"研究范式，对乡村旅游与可持续生计协同发展的内在逻辑关系进行研究（见图2-1）。

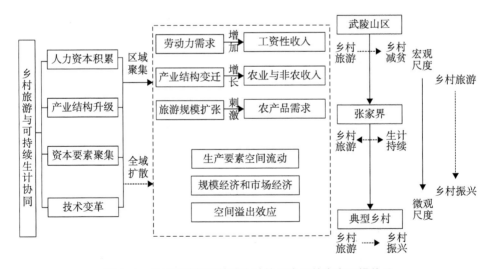

图2-1　乡村旅游与可持续生计协同发展的内在逻辑关系

基于上述的理论分析结果，区域尺度层面首先选择武陵山区作为研究对象，进行乡村旅游与可持续生计的协同发展研究。然后选择典型案例村庄，探究乡村旅游发展过程中村民生计资本及其结构的优化，分析不同案例村乡村旅游驱动下的乡村振兴模式与内在机制。

2.2 乡村旅游与可持续生计互动机理分析

2.2.1 乡村旅游对可持续生计作用机理

乡村旅游对可持续生计的作用机理可分为两大部分，分别是乡村旅游发展对生计环境的作用机理、乡村旅游发展对生计资本的作用机理（见图 2-2）。

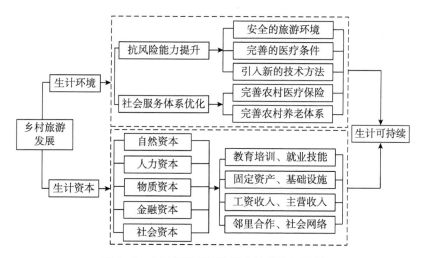

图 2-2 乡村旅游对可持续生计的作用机理

（1）乡村旅游发展对生计环境的作用机理。

生计环境主要分为抗风险能力和社会服务体系两大部分。对于抗风险能力，乡村旅游发展推动农村建设安全的旅游环境，促进农村增强防御体系，提高农户对自然灾害的防御能力；乡村旅游发展推动当地政府完善医疗条件，提升农村医疗水平；引入新技术和新方法，引导农户科学养殖、种植有特色的农业产品。对于社会服务体系，乡村旅游发展增加了农户收入，提高了农村经济水平，从而能够带动农村医疗保险、养老等社会服务体系的完善。

（2）乡村旅游发展对生计资本的作用机理。

可持续生计框架主要包括自然、人力、物质、金融、社会五个方面的资本。根据生计资本的组合方式，接下来从自然资本、人力资本、物质资本、金融资本和社会资本五个方面，分析乡村旅游发展对生计资本的作用机理。

1）乡村旅游发展对自然资本的作用机理。农户的自然资本主要是指林地、山地和耕地所占的面积等，在乡村旅游发展建设过程中，不可避免地会根据实际情况征用或租用所在地的林地、山地、耕地，用来修建道路或进行旅游资源开发，从而影响农户的林地面积、山地面积和耕地面积。

2）乡村旅游发展对人力资本的作用机理。农户的人力资本主要包括受教育程度和综合素质、家庭劳动力人数和家庭劳动力水平、就业技能水平在内的人力资本的质量与数量两大部分。乡村旅游发展增加了当地农户及政府收益，提高了办学能力，完善了农村的教育环境；农村的旅游者增多，增加了农户与外来文化的接触机会，在一定程度上拓宽了农户的视野，有助于农户提升自身文化素养。乡村旅游是一个劳动密集型产业，且乡村旅游与其他产业的关联性极强，可带动农村其他相关产业的发展，为农户提供大量就业机会，乡村旅游对从业人员的要求不高，也没有性别和年龄等方面的限制，可吸纳大量农村剩余劳动力，将这部分劳动力从农业生产中解放出来，转向交通、接待、旅游服务等，能够增加就业人数。乡村旅游工作包括从基本的旅游接待服务到高层次的旅游决策管理工作，考虑到参与乡村旅游工作的不同人群，有针对性地对不同层次的旅游从业农户进行培训，从而提升农户就业技能，使农户有能力参与到乡村旅游发展过程中。

3）乡村旅游发展对物质资本的作用机理。农户的物质资本大致包括两部分：一是固定资产，包括生活需要和生产需要两个方面的资产；二是以生活休闲和交通设施为代表的基础设施。在乡村旅游发展过程中，一方面受旅游项目开发的影响，农户面临搬迁的可能；另一方面考虑农村整体旅游环境的美观，农户的住房因进行不同程度的改建、装修而受到影响。农户需要符合一定的条件，如配备一定的固定资产，才有资格参与旅游经营，从而农户因参与旅游经营增加了固定生活资产；为了满足游客的多样化需求，农户需要不断学习，提高农业耕作技术，拓展土地功能，丰富农产品种类，满足乡村旅游发展的需要，从而提高了生产资产。发展乡村旅游，首先要建设农村与外界相通的道路交通设施，其次是旅游休闲设施，完善乡村旅游服务体系。

4）乡村旅游发展对金融资本的作用机理。农户的金融资本包括工资收入、其他收入和借贷机会三部分。乡村旅游的发展可吸纳农村大量剩余劳动力，将农户从传统农业生产或外出务工中解放出来，转向旅游服务、接待、交通等工作；农户也可利用其空闲时间，加工农产品或制作手工艺品，向游客销售土特产或纪念品等，从而增加收入来源。发展乡村旅游，有助于拓宽农户融资渠道，并在政府的积极引导下参与乡村旅游投资。占用山地、道路、农田或旅游资源等损害农户利益的部分理应按价入股，旅游景点或旅游开发项目运营获得收益后，农户可凭股份分红。

5）乡村旅游发展对社会资本的作用机理。农户的社会资本包括参与的合作组织、领导能力、与邻里的关系、社会网络关系四大部分。发展乡村旅游，鼓励农户广泛参与民宿、农村餐饮等旅游合作组织。此外，乡村旅游的发展给当地农户带来了大量就业机会，如可以给农户提供较多的与旅游相关的管理或服务岗位，培养并提升了农户的业务能力。旅游发展需要各行各业的相互配合，可促进相邻农户间的交流合作，融洽农村邻里关系。旅游发展是一个关联性较强的产业，其住宿、景点宣传涉及互联网技术，用互联网技术作为宣传乡村旅游景点的手段，速度快、范围广，效果显著，因此，推动农户使用去哪儿、携程、微信等网络平台，可以扩展农户的社会交往关系（梁冰瑜等，2015；高婕，2015）。

2.2.2 可持续生计推动乡村旅游发展作用机理

农户金融资本可为乡村旅游提供保障。金融资本是农户参与乡村旅游生计策略的主要驱动因素，金融资本的完善对乡村旅游发展具有显著的正向影响（史玉丁等，2017）。因此，政府和相关金融机构应合理普及农户信用贷款，加大资金支持，完善生计资本中的金融资本。自然资本较多的农户更多地依赖于农业生产活动，对于自然资本较少的农户，政府可以出台相关优惠政策，引导这部分农户采取兼职作业的方式，参与到乡村旅游的旅游服务、接待、经营等工作中。

农户的人力资本、物质资本和社会资本有助于乡村旅游畅通渠道。人力资本、物质资本和社会资本是农户参与乡村旅游的重要驱动因素，可以提高农户学历水平、语言表达能力、劳动技能、基本素养等。完善生计资本的人力资本，有助于提高农户参与乡村旅游的能力。与此同时，农户物质资本的增加可以提高农户对旅游项目的参与性和积极性，从而促进区域经济发展。政府应当重视建立农村社会资本，促进当地合作组织的发展，这将有助于推动旅游发展必需的住宿及餐饮设施建设所需资本的筹集，并拓宽资金来源渠道。

总之，生计资本在可持续过程中面对各种冲击和压力可不断恢复，直至实现保持或增强自身能力。其一，乡村优势生计资本在政府政策和市场机制的作用下容易被充分利用，其中乡村的优势生计资本主要为自然资本和社会资本，自然资本包括文化资源、耕地和水域，社会资本包括社会网络资源、经济网络资源和政治网络资源。但是，优势生计资本在扭曲、滥用和一系列过度开发的情况下会衰变，导致乡村旅游发展衰退或停滞不前。因此，合理利用并规划保护优势生计资本，实现生计资本的可持续发展，有助于乡村旅游的发展（史玉丁等，2018）。其二，在乡村振兴战略的引导下，劣势生计资本同样应该得到当地政府的关注和重视，可通过驱动因素的作用弥补生计资本中的短板，实现补位效应，缓解环境脆弱性，形成生计的可持续性，从而带动乡村旅游的发展。

2.2.3 乡村旅游与可持续生计互动机理

基于经济增长极理论，农村由于自身自然资源、劳动力资源和文化传承等优势，逐渐形成与当地资源较为匹配的特色产业，进而有助于乡村旅游增长极的培育。当乡村旅游达到一定规模时，必然会引发产业分工和消费需求，为企业的进入和发展创造基础条件，在一定范围内形成企业聚集。鉴于乡村旅游发展促进区域经济增长、农户生活水平提升，乡村地区商业以及社会服务业的需求逐渐增大，吸引开发商将投资重心转向农村，促使扶持资金快速到位，从而促进基础设施不断完善，加快教育、医疗、养老等公共服务能力的提升，为可持续生计发展提供良好的外部环境。而可持续生计通过生计资本的提升和生计策略的优化，形成产业垂直关联效应，加速乡村旅游经济建设，促进农村剩余劳动力聚集、扩大旅游空间、优化产业结构及提高农户生活质量，推动乡村旅游高质量发展，实现可持续生计与乡村旅游协同发展（见图 2-3）。

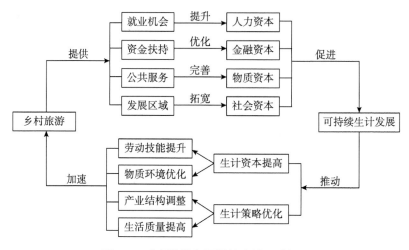

图 2-3 乡村旅游与可持续生计互动机理

从前文分析的乡村旅游与可持续生计互动机理来看，乡村旅游发展是劳动力聚集、旅游地规模扩大、产业结构调整升级和社会公共服务水平提升的过程，拓宽了农村消费市场，完善了农村道路交通、信息网络等基础设施，拓展了农户的融资渠道，加大了农户的资金支持，提高了农户对贫困、风险的应对能力，不仅有助于解决贫困地区农民脱贫问题，还可为生计的可持续发展防止出现集中返贫提供了重要途径和保障。农户生计的可持续发展可吸纳农村大量剩余劳动力和可支配生计资本，提升了农户选择不同生计策略进行谋生的能力；人口和资本的进一步聚集，反过来可以提升农户的农产品生产技术和销售能力，有助于产业结构的调整与升级、加速环境优化和科技创新的步伐，提高农户的生活质量及其抵抗脆弱性风险的能力，有助于防止出现集中返贫现象。

本书对乡村旅游与农户生计的可持续发展之间的协同效应进行量化研究，为我国类似于武陵山区的旅游资源富集地区探索一条乡村旅游与生计的可持续发展的道路，消除相关地区农户脱贫后可能发生集中返贫的隐患，为乡村振兴战略的顺利实施保驾护航。

2.3　本章小结

　　本章首先简要回顾并梳理了区域发展理论、行动者网络理论、协同发展理论的具体内容和主要思想，从区域聚集效应和全域扩散效应两个方面探讨了乡村旅游与可持续生计协同的内在机理，厘清了以"协同（区域聚集+全域扩散）—收入增长—乡村振兴"研究范式的乡村旅游与可持续生计协同发展的内在逻辑关系，增强了研究对象的针对性与清晰度，为本书进行乡村旅游与可持续生计协同发展研究提供了理论支撑。其次，探讨了乡村旅游与生计资本、生计策略的内在互动机理，指出防止出现集中返贫现象是乡村旅游与农户生计可持续发展的直观体现。

第 **❸** 章

乡村旅游空间格局分析

3.1 乡村旅游重点村的空间分布

乡村旅游是乡村振兴的重要落脚点和抓手之一，相关研究内容主要集中于概念内涵、与可持续发展关系、动力机制、对社区居民的影响以及相关的管理和政策等方面；研究的尺度更倾向于特定乡村旅游项目的尺度，评价方法主要以定性方法居多（何景明，2003；王素洁等，2007）。参照已有研究中的乡村旅游系统评价指标（Ko，2005；时朋飞等，2018；李志龙，2019），结合数据可获性原则，本章选择农业农村部评选出的 2010—2021 年中国美丽休闲乡村、文化和旅游部与国家发展改革委评选出的第一至三批全国乡村旅游重点村，住房城乡建设部等联合公布的各批次传统村落，以及重庆市、湖南省、湖北省和贵州省三省一市的国家 A 级以上旅游景区作为武陵山区各县乡村旅游评价基础，数据统计时间为 2010 年 1 月 1 日至 2023 年 11 月 21 日。

本章采用地址检索方法，对乡村旅游重点村、中国美丽休闲乡村、传统村落和国家 A 级以上旅游景区名录进行经纬度检索，在此基础上运用 ArcGIS 进行空间可视化表达，并采用 ArcGIS 中的核密度分析方法对武陵山区不同乡村旅游类型点要素进行核密度分析，以此来对武陵山区各县域的乡村旅游资源及发展水平进行分析。核密度分析方法可以计算村庄点要素在其周围邻域中的密度，该方法首先对所有乡村旅游点计算其平均中心，其次计算研究区域内所有的村庄点和这些村庄平均中心位置之间的欧氏距离和距离的中值数据，然后计算上述距离的标准差值，最后计算村庄点要素与邻域距离的带宽。邻域搜索带宽的计算公式如下：

$$SR = 0.9\min\left(SD, \sqrt{\frac{1}{\ln 2}D_m}\right) n^{-0.2} \tag{3-1}$$

式中，SR 为邻域搜索带宽；D_m 为中值距离；n 为乡村旅游点要素的数量。

因为该处输入的为乡村旅游的点要素，所以在可视化过程中，每个乡村旅游点上方均覆盖着一个平滑的曲面，该表面符合地理衰减规律，即随着与某乡村旅游点的距离越远，曲面的值就越小，直到曲面的值为 0 时，距离即为邻域点的搜索半径。

乡村旅游重点村可以直接反映乡村旅游的发展水平，该类村庄是国家层面确定的发展乡村旅游产业的重点村落。文化和旅游部对乡村旅游重点村的要求为文旅资源富集并开发合理，乡村文化有很好的传承和转化发展，旅游产品体系较为成熟、产品质量较好，建设有主题民宿，并且管理规范，重视乡村旅游地的环境保护，基础设施和公共服务完备，形成了较好的管理机制，乡村旅游发展能够带动村民创新创业，对乡村社会经济发展产生了良好的效益。由此可见，乡村旅游重点村是已发展成熟，符合未来乡村可持续发展方向的村庄。从武陵山区乡村旅游重点村的空间分布来看，全域共分布有 36 个乡村旅游重点村。其中重庆市行政区域范围内有 7 个乡村旅游重点村；张家界市有 5 个乡村旅游重点村，其他地级市分布的乡村旅游重点村均少于 5 个。从点密度分布图来看，武陵山区的乡村旅游重点村密度分布呈现出"两极多点"的分布格局，其中"两极"分别为重庆市和恩施州、张家界市和宜昌市两个较为连片的高值区；遵义市、黔东南州和怀化市及其他地级市的乡村旅游重点村分布密度整体较低。

中国美丽休闲乡村由农业农村部组织评选，2010—2021 年，武陵山区共有 35 个乡村入选。中国美丽休闲乡村主要有以下特点：①乡村旅游休闲相关的优势资源挖掘充分，乡村景观别致，自然环境优美。乡村文化底蕴深厚，具有特色的民俗风情，民风淳朴。②经营业态较为丰富。乡村具有一定的特色民宿和乡村美食等项目，围绕着农事体验和康养等内容开展了休闲农业、研学旅游、红色风情、民族风情、科普教育等旅游活动。③乡村旅游休闲对乡村农业的发展具有一定的带动作用。乡村旅游接待量具有一定的规模，村民可支配的收入中旅游休闲相关的收入占有一定的比例。④乡村旅游相关的配套基础设施功能较为完善。村庄具有一定的与旅游观光、餐饮娱乐、康养休闲、住宿等相关的配套设施。从武陵山区中国美丽休闲乡村的空间分布来看，整体上形成了"一极多点"的格局。恩施州和重庆市的中国美丽休闲乡村在武陵山区形成高值密集分布区，湘西州、怀化市是中国美丽休闲乡村的次高值区，其他地级市中国美丽休闲乡村分布密度较低。

　　传统村落最大的特点就是其历史悠久，根植于我国传统的农耕文化，具有特殊的民族基因，但同时也伴随着现代性和乡村文明的发展。传统村落具有以下特点：①传统村落是具有民族特色的宝贵遗产，也是不可再生的潜在的旅游资源。传统村落体现着区域的民俗文化、建筑艺术和村庄肌理。②传统村落体现着村落与周边自然地理环境"天人合一"的关系。③传统村落维持着传统农业的本质特征。传统村落最大的特点就是其历史性，而我国悠久的农业历史对传统村落的塑造作用也是不可磨灭的。从武陵山区传统村落的空间特征来看，区域内共有传统村落414座，是全国传统村落分布的集聚区之一。区域内的传统村落空间分布整体呈现出带状的分布格局。传统村落高密度区集中在恩施州—湘西州—铜仁市—黔东南州一带，这种分布特征体现出民族地区与高密度空间分布的重叠性，突出民族文化和民俗等因素对于传统村落的塑造特征更加显著。同时，传统村落的空间分布集中在省级的边界区域，这些区域特殊的自然地理环境对传统村落的形成也有着基础性的作用。

　　国家 A 级以上旅游景区是已经较为成熟的旅游景点，国家 A 级以上旅游景区的数量可以反映区域旅游资源的整体发展水平。国家旅游景区分为五个等级，等级的划分主要按照旅游资源吸引力、旅游购物、旅游卫生、游览设施、旅游交通、旅游安全等几个维度。截至 2020 年 12 月，武陵山区共有国家 A 级以上旅游景区 296 个，从国家 A 级以上旅游景区的空间分布来看，主要集中分布在湘西州、怀化市、张家界市、娄底市、宜昌市、恩施州和遵义市等，铜仁市、邵阳市、益阳市等国家 A 级以上旅游景区分布较少。

3.2 乡村旅游综合评价

（1）评价方法。

本节采用乡村旅游资源的要素禀赋程度作为衡量乡村旅游资源综合评价的指代变量，选取指标包括重庆市、湖南省、湖北省和贵州省的国家 A 级以上旅游景区、农业农村部评选出的 2010—2021 年中国美丽休闲乡村、文化和旅游部与国家发展改革委评选出的第一至三批全国乡村旅游重点村，以及住房城乡建设部等联合公布的各批次传统村落。不同旅游资源参照相关研究，结合专家打分法确定相关赋值，具体如表 3-1 所示。

表 3-1 乡村旅游禀赋及赋值表

乡村旅游点类型		发布部门	特点	赋值/分	备注
国家 A 级以上旅游景区	5A 级	文化和旅游部	已经较为成熟的旅游资源	25	城区内部旅游景区取 0.5 的权重
	4A 级			16	
	3A 级			9	
	2A 级			4	
	A 级			1	
乡村旅游重点村		文化和旅游部、国家发展改革委	乡村发展重点方向	25	—

乡村旅游点类型	发布部门	特点	赋值/分	备注
中国美丽休闲乡村	农业农村部	具有一定发展基础的乡村旅游资源	9	—
传统村落	住房城乡建设部等	乡村旅游发展的潜在资源	6	—

国家 A 级以上旅游景区是根据国家标准《旅游景区质量等级的划分与评定》和《旅游景区质量等级管理办法》，由文化和旅游部按程序组织综合评定，并且进行授权，能够反映一个景区是否发展较为成熟。参照已有研究对不同级别旅游景区进行赋值，其中 5A 级旅游景区 25 分、4A 级旅游景区 16分、3A 级旅游景区 9 分、2A 级旅游景区 4 分、A 级旅游景区 1 分。位于城区的国家 A 级以上旅游景区虽不能直接对乡村旅游产生作用，但是可以通过城乡旅游互动间接促进乡村旅游的发展（张勇等，2011），所以本书对城区内部旅游景区在原有赋值的基础上取 0.5 的权重。由于县域级别的城区较小，没有明确的行政边界，所以本书利用夜间灯光数据来进行城区识别。根据已有研究，将亮度大于 10 的地区识别为城区（张志刚等，2016），落在城区内的国家 A 级以上旅游景区均赋予 0.5 的权重，其他地点景区的权重则为 1。

乡村旅游重点村是由文化和旅游部与国家发展改革委评选公布的，是乡村旅游经济发展的核心力量，是发展乡村特色经济与文化的重要资源（郑光辉等，2020）。因此本书对全国旅游重点村的赋值与国家 5A 级旅游景区相同，即 25 分。

中国美丽休闲乡村是由农业农村部评选并公布的，意在通过深度挖掘乡村旅游资源带动乡村繁荣，提升农村农民经济状况和生活质量。中国美丽休闲乡村具有良好的乡村旅游资源，是乡村振兴的主力军。因此本书将具有"中国美丽休闲乡村"称号的乡村赋值为 9 分，同国家 3A 级旅游景区的分值相同。

传统村落是为由住房城乡建设部等联合评选并公布的，是指在 1980 年以前建村，村落选址、建筑环境、相关风貌没有大的变动以及较好保留历史沿革的村落。相对于其他乡村而言，传统村落具有独特的民俗民风，既是物质文化遗产的载体，也是我国非物质文化遗产的重要表现形式，是乡村振兴旅游产业发展的宝贵资源（康璟瑶等，2016）。但传统村落的旅游功能开发参差不齐，故将传统村落赋值为 6 分。

根据对不同类型乡村旅游资源的赋值情况，计算县域乡村旅游资源综合得分，计算公式如下：

$$CTR_i = \sum_{j=1}^{n} T_{ij} N_{ij} k_j \tag{3-2}$$

式中，CTR_i 为第 i 个县域的乡村旅游资源综合得分；T_{ij} 为第 i 个县域的第 j 类乡村旅游资源赋值得分；N_{ij} 为第 i 个县域的第 j 类乡村旅游资源数量；k_j 为第 j 类旅游资源的权重，当第 j 类旅游景区位于非城区时，$k_j = 1$，当第 j 类旅游景区位于城区时，$k_j = 0.5$。

（2）评价结果。

通过式（3-2）计算武陵山区县域乡村旅游资源综合得分，结果如表 3-2 所示。从武陵山区县域乡村旅游资源综合得分来看，武陵山区乡村旅游发展的整体呈现出"北高南低"的空间格局。其中，综合得分在 [95.01，187.50] 范围内的县域存在集聚分布趋势，高值区主要集中在中北部的县域，张家界市的武陵源区、永定区等也呈现出连片分布的高值区域。此外，部分县域乡村旅游资源综合得分较高的县域呈现出零散分布的格局，县域乡村旅游资源综合得分较低的县域也呈现出零散分布的格局。

表 3-2 武陵山区县域乡村旅游资源综合得分

得分区间	县域
[0, 17.50]	邵阳县、冷水江市、辰溪县、道真县、武冈市、芷江县、桑植县、正安县、鹤城区、涟源市
[17.51, 30.50]	石门县、岑巩县、巴东县、新邵县、新晃县、隆回县、泸溪县、碧江区、万山区、建始县
[30.51, 60.00]	城步县、务川县、麻阳县、洪江市、绥宁县、会同县、慈利县、玉屏县、秭归县、丰都县、新宁县、秀山县、沅陵县、长阳县、洞口县、凤冈县、德江县
[60.01, 95.00]	江口县、鹤峰县、安化县、咸丰县、保靖县、溆浦县、靖州县、中方县、沿河县、武陵源区、彭水县、印江县、吉首市、五峰县、黔江区、古丈县、花垣县、石柱县、湄潭县
[95.01, 187.50]	永定区、龙山县、宣恩县、来凤县、新化县、思南县、永顺县、通道县、武隆区、石阡县、松桃县、恩施市、凤凰县、利川市、酉阳县

3.3 本章小结

　　本章根据武陵山区乡村旅游重点村、中国美丽休闲乡村、传统村落和国家 A 级以上旅游景区的村落对武陵山区的乡村旅游发展水平进行了评估。从武陵山区县域乡村旅游资源综合得分来看，武陵山区乡村旅游发展水平整体呈现出"北高南低"的空间格局。

第 **4** 章

乡村旅游与可持续生计
协同时空特征

随着我国城市化、现代化的迅猛发展，人们对于旅游消费的需求日益提升，乡村旅游成为旅游产业中一个不可或缺的部分。"旅游兴农，旅游富农"是乡村经济发展的重要组成方式，是乡村振兴的重要推动力。随着乡村旅游的深入发展，当地传统的生活习惯、生产方式、生计策略、生态环境都发生了巨大的变化，部分乡村地区出现了"建设性破坏""空心化""利益冲突"等现象和问题，严重制约着生计的可持续发展（席建超，2011）。因此，在乡村旅游的发展过程中，因地制宜地探索有效的可持续生计策略和模式，促进乡村旅游多元功能与可持续生计的协同发展具有重要的现实意义。

从武陵山区乡村旅游分布特征分析来看，张家界是武陵山区腹地典型的山地旅游城市，乡村旅游重点村和 A 级以上旅游景区分布密集，是较早通过发展乡村旅游促进区域发展的地区之一。因此，本章选择张家界地区作为案例地进一步对该区域乡村旅游发展与可持续生计协同发展进行探究，建立乡村旅游与可持续生计综合评价指标体系，运用既能避免专家赋权主观性，又能避免量纲不同误差大的变异系数法确定各指标权重，利用耦合协调度模型和空间关联分析，定量剖析乡村旅游与可持续生计耦合的空间分布特征。

4.1 指标选取与研究方法

4.1.1 指标体系构建

乡村旅游与可持续生计协同发展是多种因素共同作用的结果，需分别从构建乡村旅游系统和可持续生计系统的协同评价指标体系入手。部分学者主要围绕经济、环境、资源、社会等要素构建乡村旅游体系框架（何格等，2012），围绕脆弱性背景、生计资本、生计策略等方面构建多层次的农户生计可持续性评价指标体系（崔晓明等，2017）。借鉴国内学者的研究成果，同时考虑张家界地区的实际情况，本章对乡村旅游与可持续生计耦合关系分别构建了乡村旅游系统和可持续生计系统协同评价指标体系。从经济因素、环境因素、社会因素三个方面选取七个指标表征乡村旅游发展水平。基于生计可持续分析框架（SLA）和"压力—状态—响应"（PSR）模型，选取九个指标表示可持续生计水平，构建了乡村旅游系统和可持续生计系统协同评价指标体系（见表4-1）。

表 4-1　乡村旅游系统和可持续生计系统协同评价指标体系

系统层	准则层	指标层
乡村旅游系统	经济因素	X_1 表示旅游收入，X_2 表示游客人数，X_3 表示旅游收入占地区生产总值的比重
	社会因素	X_4 表示受教育水平，X_5 表示医疗卫生水平
	环境因素	X_6 表示森林覆盖率，X_7 表示污水处理率

系统层	准则层	指标层
可持续生计系统	压力（脆弱性背景）	Y_1 表示总人口，Y_2 表示地方财政收入
	状态（生计资本）	Y_3 表示农作物播种面积，Y_4 表示医疗条件，Y_5 表示劳动力数量，Y_6 表示金融机构贷款总额，Y_7 表示参与农户合作组织人数
	响应（生计策略）	Y_8 表示固定资产投资，Y_9 表示第三产业增加值

数据来源：EPS 数据库、张家界市统计局、张家界市历年统计公报。

4.1.2 协同水平测度方法

（1）变异系数法。

由于乡村旅游系统和可持续生计系统均为综合性的复杂系统，因此本章运用变异系数法对各指标权重进行确定，相较于熵权法和专家咨询法，变异系数法既能较为客观地反映各指标的重要程度，避免专家赋权的主观性，又能消除量纲和测量尺度的影响（徐春红等，2019）。变异系数的计算公式如下：

$$V_i = \frac{\sigma_i}{\bar{x}_i} \quad (i = 1,2,\cdots,n) \tag{4-1}$$

$$w_i = V_i \Big/ \sum_{i=1}^{n} V_i \quad (i = 1,2,\cdots,n) \tag{4-2}$$

式中，V_i 表示第 i 个指标的变异系数；σ_i 表示第 i 个指标的标准差；$\bar{x}_i$ 表示第 i 个指标的平均值；n 表示指标总数；w_i 表示第 i 个指标的权重。

（2）协调度模型。

耦合度是指两个或两个以上系统通过自身和外界相互作用而相互影响的现象，一般情况下，两个系统的耦合度模型如下：

$$C = 2\sqrt{u_1 + u_2}/(u_1 + u_2) \tag{4-3}$$

式中，C 表示两个系统的耦合度；u_1 表示乡村旅游系统的综合发展水平；u_2 表示可持续生计系统的综合发展水平（孟德友等，2014）。

由于耦合度模型主要反映系统指标间的相似性，不能明确地反映出系统指标的整体发展水平及两个系统间的协同效应。因此，为了更好地表征乡村旅游与可持续生计的发展水平及其协调性，在耦合度模型的基础上构建耦合协调度模型（孙黄平等，2017），具体表达式如下：

$$D = (CT)^{1/2} \tag{4-4}$$
$$T = \alpha u_1 + \beta u_2$$

式中，D 表示两个系统的耦合协调度；C 表示两个系统的耦合度；T 表示乡村旅游与可持续生计的综合协调指数；α 表示乡村旅游对乡村发展的贡献程度；β 表示可持续生计对乡村发展的贡献程度，考虑到两者对乡村发展的贡献程度不分伯仲，这里取 $\alpha = \beta = 0.5$。基于前人的研究成果，依据耦合协调度 D 的大小，本章将乡村旅游与可持续生计的协调类型分为六大类（见表4-2）。

表4-2　耦合协调度类型

耦合协调度 D	[0, 0.4)	[0.4, 0.6)	[0.6, 0.8)	[0.8, 0.9)	[0.9, 1]
协调等级	严重失调	濒临失调	中度协调	良好协调	优质协调

4.1.3　地理探测器分析法

乡村旅游与可持续生计协同发展水平受到自然、社会、经济等多方面因素的影响，若运用传统分析方法研究此类问题，则需要有很多的前提假设。地理探测器（Geographical Detector）是探测空间异质性及其背后驱动力的一种统计学方法，最早出现在地方性疾病影响因素的研究中，因其前提条件制约较少，现广泛应用于空间分布形成机理的研究中（吕晨等，2017）。本章基于地理探测器分析法，定量分析乡村旅游与可持续生计耦合协调度，具体表达式如下（孙黄平等，2017）：

$$q_{k,D} = 1 - \frac{1}{n\sigma_D^2} \sum_{h=1}^{L} n_{k,h} \sigma_{D_{k,h}} \tag{4-5}$$

式中，$q_{k,D}$ 为探测因子 k 的探测值，$q_{k,D}$ 的取值范围为 [0, 1]，其值越大，表示探测因子 k 对耦合协调度的影响越大；n、$n_{k,h}$ 分别为整个地区样本数和次级地区样本数；L 为次级地区个数；σ_D^2、$\sigma_{D_{k,h}}$ 分别为整个地区乡村旅游与可持续生计耦合协调度方差和次级地区耦合协调度方差。

4.2 乡村旅游与可持续生计协同时空分异特征

4.2.1 耦合协调度整体发展趋势

首先对原始数据进行标准化处理，根据耦合协调度公式（4-5），计算得到乡村旅游与可持续生计的耦合协调度变化趋势（见图4-1）。2005—2020年耦合协调度整体上呈现上升的趋势，乡村旅游水平呈现"稳定增长—缓慢下降—快速增长"的波动上升的趋势，可持续生计水平整体上呈现稳定增长的趋势。

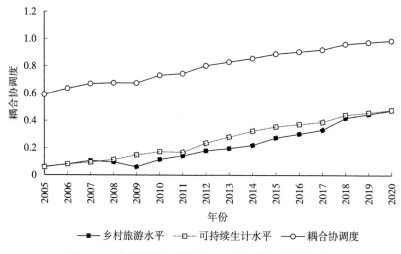

图 4-1　乡村旅游与可持续生计耦合协调度变化趋势

　　根据耦合协调度的变化趋势，张家界地区可分为两个发展阶段：第一阶段为 2005—2009 年，该阶段为乡村旅游水平滞后阶段、可持续生计水平缓慢发展阶段。随着城市化进程的加快，城市居民旅游的首选之地往往是乡村，2006 年、2007 年国家的旅游主题分别为"中国乡村游"和"和谐城乡游"，中国乡村游的大幕正式拉开，但乡村旅游主要集中在经济较发达城市的周边地区，张家界虽然有丰富的乡村旅游资源，但其位于偏远山区，缺乏区位优势，阻碍了乡村旅游的发展，给可持续生计带来了一定的压力。因此，乡村旅游与可持续生计的耦合协调度增长缓慢。第二阶段为 2010—2020 年，该阶段为乡村旅游水平、可持续生计水平迅速发展阶段。在经历了乡村旅游水平滞后阶段后，张家界依据其自然资源、乡村民俗文化、乡村田园景观等丰富的乡村旅游资源和鲜明的地域特色，加速提升乡村旅游水平，推动生计可持续发展，实现了乡村旅游与可持续生计耦合协调度的快速增长。

4.2.2　耦合协调度时空分异特征分析

　　为了进一步研究张家界乡村旅游与可持续生计耦合协调的时空分布特征，

本章将样本期分为三个阶段，以 2005 年、2011 年、2020 年三个时间点划分的耦合协调度截面数据为基础，运用 ArcGIS 软件绘制乡村旅游与可持续生计耦合协调度的时空分布。从整体上看，张家界区县乡村旅游与可持续生计发展呈上升趋势，但个别区县也有停滞现象；协调等级以中度协调和良好协调为主，且在 2018 年达到优质协调；乡村旅游水平初期呈现出东部高西部低的分布格局，中期呈现出东南部滞后于西部的分布格局，但最终张家界整个区县达到优质协调。

具体来看：①耦合协调度提升较快的区县是桑植县。一方面，桑植县凭借参观贺龙故居、廖汉生故居等旅游项目，开展乡村旅游，给农户生计带来了新的机遇。另一方面，改革开放 40 多年来，我国经济、社会发生了巨大变化，红色旅游地区逐渐成为人们旅游的重点区域，进一步推动了相关地区可持续生计水平的发展，耦合协调度快速提升。②耦合协调度稳定提升的区县有武陵源区和永定区。武陵源区坐拥张家界国家森林公园、天子山和索溪峪等乡村自然旅游景观，旅游资源较为丰富，吸引了较多的旅游投资主体，先后建立了黄石寨和天子山索道、百龙天梯等旅游设施。永定区坐拥天门山 5A 级旅游景区，其依托原有旅游资源，挖掘当地文化，创新民俗旅游表演形式，如天门狐仙民俗表演等。对于农户而言，这些旅游资源增加了其生计选择的多样性，有利于农户生计资本的积累，促进其生计资本存量的增加；对于农村管理者而言，通过对农村旅游资源的合理分配与规划，使更多的农户具备参与乡村旅游的条件，提高了农户的适应性，乡村旅游与可持续生计耦合协调度稳定提升。③耦合协调度出现停滞现象的区县是慈利县。慈利县凭借万福温泉、江垭温泉等休闲旅游产品，开展乡村生态旅游产业，相较于桑植县、武陵源区和永定区，慈利县的旅游产品不够具有地域特色，对农户生计的影响作用相对较小，乡村旅游与可持续生计耦合协调度提升缓慢。

4.3 乡村旅游与可持续生计协同水平的
驱动力时空异质性分析

4.3.1 驱动力时间异质性分析

乡村旅游与可持续生计协同发展受到多方面因素的综合影响，根据国内学者的研究成果（任国平等，2016；曹芳东等，2014），结合张家界区县乡村旅游与可持续生计协同发展的实际情况及相关专家意见，选取区县人口密度、人均地区生产总值、旅游收入占地区生产总值比重、农业机械化水平、人均财政收入五项指标作为探测因子，运用地理探测器分析方法，对乡村旅游与可持续生计协同发展的驱动机制进行实证研究。实证分析步骤如下：首先，利用自然断裂点分级方法对各探测因子进行分级处理；其次，利用公式（4-5），计算各探测因子对乡村旅游与可持续生计协同发展的影响力（见表4-3）。

表4-3 乡村旅游与可持续生计耦合协调度探测因子影响力测度

年份	区县人口密度	人均地区生产总值	旅游收入占地区生产总值比重	农业机械化水平	人均财政收入
2005	0.6273	0.6227	0.6113	0.6320	0.6320
2011	0.6223	0.6320	0.6227	0.6180	0.6387
2020	0.6136	0.6176	0.6177	0.6140	0.6102

由表4-3可知，区县人口密度探测因子对协同发展的影响效应呈下降趋

势，各探测因子对耦合协调度的影响力在不同年份也存在一定的差异。2005
年耦合协调度主要受农业机械化水平、人均财政收入、区县人口密度等探测
因子的影响；2011年人均财政收入、人均地区生产总值、旅游收入占地区生
产总值比重在耦合协同发展中发挥了重要作用；而2020年更多的是受到旅游
收入占地区生产总值比重、人均地区生产总值等探测因子的影响。整体而言，
乡村旅游与可持续生计的协同发展是各探测因子相互作用于各类驱动力的综
合结果，具体概括如下。

(1) 资源聚集力。

人口要素是乡村旅游与可持续生计协同发展的前提，人口集聚或扩散的
强度影响着乡村旅游与可持续生计协同的程度。由表4-3可以看出，张家界
区县人口集聚的强度对乡村旅游与可持续生计耦合协调度的影响程度伴随区
县人口密度的影响力值的不断减小而逐渐减弱。分析其原因：其一，农村劳
动力市场供需矛盾日益突出致使人口聚集或扩散对乡村旅游与可持续生计耦
合协调的关联程度下降。其二，在城乡一体化背景下，人口聚集对乡村旅游
与可持续生计相互作用的范围不断减小。随着城镇化进程的快速发展，农村
各乡镇剩余劳动力向区中心、镇中心迁入，区中心、镇中心人口密度增大，
建设用地向周边乡镇扩展，促进农户生计类型向非农化转变，人力资本、自
然资本和生产性物质资本的过快流失，拉低了该区域的生计资本总量，但城
镇化和各乡镇工业化程度的提升在一定程度上减缓了生计资本总量下降的
速率。

(2) 经济驱动力。

经济发展水平是乡村旅游与可持续生计协同发展的根本驱动力，经济发
展水平能够推动乡村形成不同的乡村旅游发展模式，促进乡村不同阶段的产
业定位与功能转型，包括生计转型。由表4-3可以看出，三个年份的人均地

区生产总值的影响力值先增大后减小，但基本上保持稳定，是乡村旅游与可持续生计耦合协调度的重要影响因素。乡村旅游与经济发展水平是紧密相连的，经济发展水平作为乡村旅游发展的物质基础，不仅能为旅游发展提供一定程度的资金支持，改善乡村基础设施，还能促进农户生计转型，改善农户生活水平，为可持续生计提供物质保障，进一步提升乡村旅游与可持续生计相互作用的广度。

(3) 产业链驱动力。

产业结构合理化是乡村旅游与可持续生计协同发展的重要驱动力（黄木易等，2018）。由表4-3可以看出，旅游收入占地区生产总值比重的影响力值先增大后减小，但基本上保持稳定，在一定程度上加深了其对乡村旅游与可持续生计耦合协调度的影响程度。一方面，乡村旅游涉及多个部门和行业，是覆盖性和关联性较强的一个综合产业，不同产业间形成良好的互动机制，促进各产业要素聚集，能够带来良好的外部效应，包括提高生产技术，改善基础设施，加大投资力度等，继而形成区域规模经济，提高乡村旅游发展，带动农户生计转型，促进农户生计朝着可持续的方向发展。另一方面，产业结构转型升级有利于乡村经济自身稳定性的增强，减弱外部冲击对经济带来的负面影响，降低乡村旅游、农户生计对外部冲击的敏感性，提高其面临外部风险的韧性，进一步提升乡村旅游与可持续生计相互作用的深度。

(4) 社会促进力。

社会发展水平包括乡村文明程度、乡村基础设施、农用机械水平等，是乡村旅游与可持续生计协同发展的重要支撑，社会发展水平能为乡村旅游、农户生计注入持续不断的动力，社会发展水平的提高是一个基础性、长期性的工作，表征着更高质量、更高层次的乡村旅游水平，也代表着人们对可持续生计的重视。由表4-3可以看出，农业机械化水平的影响力值先减小后几乎保持稳定，其对乡村旅游与可持续生计耦合协同发展具有一定影响。这说明先进的技术和装备可以提高劳动生产率，摒弃以往高能耗、高排放的产业模式，引领绿色革命，走可持续生计发展道路，因此，其对乡村旅游与可持续生计协同发展的贡献巨大。

（5）政策驱动力。

政府的宏观决策和行为特征是乡村旅游与可持续生计协同发展的保障力量。由表4-3可以看出，三个年份的人均财政收入影响力值先增大后减小，但前两个年份人均财政收入一直是首要影响因素。政府决策和行为作为一只"有形的手"，是区别于农村系统自身发展的一种力量，在乡村旅游发展过程中，政府通过对项目建设、产业定位、基础设施和旅游设施建设的引导，引领和控制乡村旅游的各项活动、农户生计适应、农户生计转型等，如乡村旅游生产要素的调整与布局、旅游区的开发限度与保护力度、土地资源的使用范围等，提高乡村旅游的发展效率，促进农户生计与旅游发展的适应性，因此，政府行为对推动乡村旅游与可持续生计协同发展起着不可忽视的作用。

4.3.2　驱动力空间异质性分析

为了进一步分析乡村旅游与可持续生计耦合协调度匹配的影响因素与区域差异特征，结合上述分析，选取2005年的首要影响因素、2011年的首要影响因素和2020年的重要影响因素（避免与2011年重复），对影响因素与耦合协调度的空间区域匹配进行分析。具体步骤如下：①运用自然断裂点分级法对耦合协调度、各影响因素进行分级处理；②运用ArcGIS软件对耦合协调度分级与各影响因素分级进行匹配处理。由分析结果可知，三个年份中不同影响因素对乡村旅游与可持续生计耦合协调度的影响力是不一样的，与耦合协调度的匹配程度也存在差异,具体概括如下。

(1) 2005 年耦合协调度与农业机械化水平的空间匹配。

2005 年高协调中要素水平的区县是慈利县,中协调高要素水平的区县是桑植县,中协调中要素水平的区县是永定区,低协调低要素水平的区县是武陵源区。这反映了慈利县、桑植县和永定区由于物质资本的优越性,形成了良好的外围环境,对乡村旅游与可持续生计耦合协同发展产生了积极的促进作用。武陵源区农业机械化水平较低,农户生产经营设备欠缺,很难对乡村旅游与可持续生计耦合协同发展产生积极影响。具体来看,一方面,农业机械化水平是农户生计资本中的物质资本,早期乡村旅游发展水平较低,农户主要的生计来源是通过土地获得的收入,但由于武陵源区生态保护政策的刚性要求,农业生产受到限制,因此武陵源区农户的可支配收入和区内的乡村旅游发展水平均有限。随着乡村旅游的发展,各旅游区县的基础服务设施逐渐完善,农户的可支配收入也逐步提升,可以将部分收入用于购买生产资料,如农业机械,而农业机械的普及会提高农业生产效率,农业剩余劳动力则可以通过外出务工或者从事其他非农业活动获得更多的收入,生计结构逐步丰富,形成良性循环。另一方面,农户物质资本、经营设备增加,又可通过各种渠道建设并改善乡村环境,提高乡村通达性,吸引客源,推动乡村旅游发展,形成乡村旅游与农户物质资本间的良好互动,对乡村旅游与可持续生计耦合协同发展产生积极影响。

(2) 2011 年耦合协调度与人均财政收入水平的空间匹配。

2011 年高协调高要素水平的区县是桑植县,中协调中要素水平的区县是慈利县,中协调低要素水平的区县是永定区,低协调中要素水平的区县是武陵源区。这表明桑植县和慈利县依托政府干预,政府政策与行为对其乡村旅游与可持续生计良性互动的促进作用明显;政府政策与行为对永定区、武陵源区协同发展的促进作用不明显。具体来看，张家界交通相对闭塞而缺乏区位优势，要壮大乡村旅游，促进可持续生计发展，需要国家及政府的大力支持与投入。国家政策和行为直接关系到区县的资源使用与产品组合、旅游发展的路径和对策，客观上改变了生产要素的运作方式。政府通过加大交通基础设施、游乐设施的建设力度，提升区县交通的便利性，增大区县旅游景区的吸引力，进而吸引更多的国内外游客。提高乡村旅游生产建设效率，促进农户生计由农业化向非农业化转变。相较于永定区与武陵源区，桑植县与慈利县经济基础较差、底子较薄，在乡村旅游与可持续生计发展过程中，政府的支持与调控显得重要且必要。

(3) 2020年耦合协调度与旅游收入占地区生产总值比重的空间匹配。

2020年高协调高要素水平的区县是武陵源区，高协调中要素水平的区县是永定区，中协调低要素水平的区县是慈利县，低协调高要素水平的区县是桑植县。由此可见，武陵源区和永定区依托其便利的交通条件、较优的经济基础，形成了良好的乡村旅游发展态势，对乡村旅游与可持续生计耦合协同发展起到了积极的促进作用。慈利县和桑植县因地理位置受限，交通设施建设缓慢，教育水平发展相对滞后，缺乏足够的产业优势，在一定程度上阻碍了旅游产业发展，很难对乡村旅游与可持续生计耦合协同发展产生积极影响。具体来说，一方面，随着乡村旅游的发展，高速公路、城际高铁的全面建设与完善，客源地与旅游目的地的交通便利性得到了极大的提高，有助于产业链形成、产业要素聚集，促进农户生计多样化。另一方面，在产业链的驱动下，资源配置的优化、思想理念的更新、先进技术的引进，推动了乡村旅游的发展，对乡村旅游与可持续生计耦合协同发展做出了巨大贡献。

综合上述分析，各探测因子对乡村旅游与可持续生计耦合协调度空间差异的影响具有较为明显的时空异质性特征。乡村旅游与可持续生计的协同发展是各驱动因素作用于驱动力，并形成结构转型与旅游产业运行、社会保障与社会公平、旅游服务提升与生计多样化、政策调控与政策保障四元驱动机制共同推动的过程（见图4-2）。

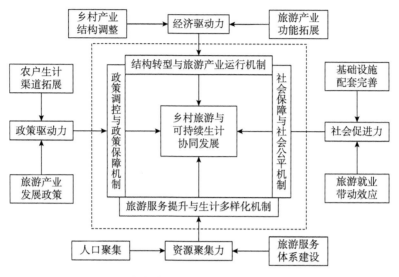

图4-2 乡村旅游与可持续生计协同发展驱动机制

　　具体而言，乡村旅游功能拓展与乡村产业结构调整作用于经济驱动力，形成结构转型与旅游产业运行机制；旅游就业带动效应与基础设施配套完善作用于社会促进力，形成社会保障与社会公平机制；旅游服务体系建设与人口聚集作用于资源聚集力，形成旅游服务提升与生计多样化机制；乡村旅游产业发展政策与农户生计渠道拓展作用于政策驱动力，形成政策调控与政策保障机制。此四元驱动机制有效地推动了可持续生计在乡村旅游发展过程中的协同发展。

4.4　本章小结

　　本章以 2005—2020 年张家界区县乡村旅游与可持续生计数据为案例,通过构建乡村旅游与可持续生计系统指标体系,运用变异系数法和耦合协调度模型对乡村旅游与可持续生计的耦合度和协调度进行测算,研究了乡村旅游与可持续生计协同的时空特征。

　　研究发现:①2005—2020 年,案例地乡村旅游与可持续生计耦合协调度保持整体上升的趋势,乡村旅游水平呈现"稳定增长—缓慢下降—快速增长"的波动上升趋势,可持续生计水平整体上呈现稳定增长的趋势。②通过基于耦合协调度的空间格局分析,案例地乡村旅游水平初期呈现出东部高西部低的分布格局,中期呈现出东南部滞后于西部的分布格局,但最终整个区县达到优质协调。③案例地人均地区生产总值、旅游收入占地区生产总值比重、农业机械化水平和人均财政收入在三个年份中都是影响乡村旅游与可持续生计协同发展的重要因素,区县人口密度对协同发展的影响效应呈下降趋势,各因素对协调度的影响力在不同年份也存在一定的差异。各探测因子对乡村旅游与可持续生计耦合协调度空间分异的影响具有较为明显的时空异质性特征。乡村旅游与农户生计各驱动因素相互作用分别产生了驱动力,共同构建了结构转型与旅游产业运行、社会保障与社会公平、旅游服务提升与生计多样化、政策调控与政策保障四元驱动机制,共同推动乡村旅游与可持续生计协同发展。

第 **5** 章

乡村旅游与可持续生计
协同及空间溢出效应

　　第 4 章通过构建协同发展测度的指标体系，采用耦合协调度模型对乡村旅游与可持续生计的协同发展进行了测度，同时对影响二者协同发展的驱动力进行了地理探测，发现乡村旅游与可持续生计的协同发展存在时空异质性。而地域上的不均衡性是经济活动在空间层面的显著特征，这种特性与经济活动利益趋向性共同推动生产要素在空间上的流动，最终形成普遍存在的经济活动空间关联，产生空间溢出效应。乡村旅游对区域资源的依赖性较强，且对客流的吸引力较大，往往形成空间聚集效应和扩散效应，对本地和周边经济发展产生空间效应。因此，有必要对二者的协同发展所产生的空间效应进行分析，研究乡村旅游与可持续生计协同存在的空间自相关和空间溢出情况。本章选取武陵山区腹地的张家界地区为案例地，拟运用回归分析和空间计量模型对二者协同发展产生的空间效应进行研究。

5.1 变量选取与模型设定

5.1.1 变量选取

（1）农户收入。

借鉴已有研究中的测度方法，本章选取张家界各县区农户人均可支配收入衡量地区发展水平，为保证量纲的一致性，对其进行对数化处理。

（2）乡村旅游与可持续生计协同水平。

乡村旅游与生计发展存在双向互动关系，一方面，乡村旅游发展有利于吸引农村剩余劳动力及外出务工人员回流，转行从事餐饮、民宿、特色农产品销售等与乡村旅游相关的工作，促进农户生计转型，提高农户生活水平。另一方面，生计的可持续性发展，提升了农户生计资本存量，优化了农户生计策略，成为乡村旅游产业发展的强大推力，促进乡村旅游的深入发展。二者协同发展产生聚集效应和扩散效应有利于农户收入增加与农村地区发展。因此将二者协同水平作为自变量，并建立面板模型定量分析乡村旅游与可持续生计发展的协同效应。为保证数据平稳性及量纲的一致性，对协同水平数据进行对数化处理。

（3）要素禀赋。

要素禀赋反映了各地区要素间的比较优势，一般情况下将资本劳动比作为要素禀赋的衡量指标，随着资本、技术等生产要素的增加，资本劳动比上升，经济发展水平随之提升，从而创造出更多的就业机会，使农户增收渠道多元化，尤其是在相对贫困地区，资本和技术等生产要素的投入将弥补地区基础设施落后、产业基础薄弱等短板，在促进地区经济水平提升的同时增加农户收入，对地区的总体发展具有重要的促进作用。但鉴于在县区农村统计数据中仅有固定资产投资与资本类相关指标，本章选取县区固定资产投资与农村从业人数比重作为要素禀赋的衡量指标。

（4）政府政策。

不少学者探讨了政府财政支出、政府投资对农户增收的影响，并提出政府在农户增收的过程中处于主导地位（董政，2014），公共支出既可以通过补贴直接作用于农户增收，也可以通过投资带动经济发展进而间接作用于农户增收。参考部分学者采用公共财政支出占地区生产总值比重作为衡量政府政策对区域发展的影响，本章选取地方财政支出占地区生产总值比重来衡量政府政策在农村发展中的作用。

（5）产业结构调整。

众多学者的研究表明不同产业对农村地区发展的影响是不一样的，其中第一、二产业的影响较弱，第三产业对农村区域发展的影响较为显著（徐敏等，2015）。鉴于部分学者采用 $tl = \sum_{i=1}^{3} q_i i$ 深入探讨产业结构对农户收入的影响，其中 q_1、q_2、q_3 分别表示第一、二、三产业占地区生产总值比重，本章运用该公式考察产业结构对农村地区发展的影响效应。

5.1.2　模型设定

（1）空间模型构建。

乡村旅游与可持续生计发展存在协同联动关系，凭借聚集效应通过增加就业、变革技术和拉动消费需求等形式促进农户收入增加，凭借扩散效应通过要素空间聚集、经济规模扩大及溢出带动相邻地区经济增长，促进农户收入增加，从而促进区域发展。因此，鉴于部分学者的模型设定（丁建军等，2016），本章建立乡村旅游与可持续生计协同效应模型：

$$\ln p_{it} = \alpha_{it} + \beta \ln D_{it} + \sum_{i=1}^{n} \gamma_i X_i + \varepsilon_{it} \tag{5-1}$$

式中，p_{it} 表示第 i 个地区第 t 时刻的农户收入；α_{it} 为常数项，包含地点对 i 和 t 的固定效应；D_{it} 表示第 i 个地区第 t 时刻乡村旅游与可持续生计协同水平；X_i 表示影响第 i 个地区农户收入的控制变量，基于现有研究成果，选取固定资本投资与农村从业人数比重（kl）、地方财政支出占地区生产总值比重（gov）、产业结构调整（tl）作为控制变量；β 为参数项；γ_i 为参数项，表示在第 i 个地区相关控制变量对该地区农户收入的影响；ε_{it} 为误差项。

空间计量模型利用地区间相对位置和绝对位置，从经济学中的空间相关性方面测算各地区观测值，同时分析所在地区与其他地区观测值的相关程度，并将这种相关程度体现在空间计量模型的因变量和误差项上（文建东等，2017）。常用的空间计量模型主要有空间滞后模型（SLM）、空间误差模型（SEM）和空间杜宾模型（SDM）。其中，空间滞后模型将解释变量的空间滞后项作为被解释变量放入模型中，可用于考察相邻地区解释变量对本地区解释变量的空间溢出效应。空间误差模型主要用来分析本地区的解释变量如何被相邻地区由于解释变量存在的误差影响的程度。空间杜宾模型基于本地区被解释变量的观测值受到两个方面的影响，一是受到相邻地区被解释变量值的影响，二是受到相邻地区解释变量值的影响，因此，将具有邻接关系地区的解释变量值和被解释变量值同时放入模型中进行回归。

地区发展不仅受到乡村旅游与可持续生计协同发展的影响，还受到产业结构调整、政府政策、要素禀赋等因素的影响，传统计量模型忽视了变量的空间相关性，可能存在"伪回归"现象。因此，本章考虑经济学中普遍存在的空间相关性，建立乡村旅游与可持续生计协同发展的空间滞后模型、空间误差模型和空间杜宾模型，具体表达式如下：

$$\ln p_{it} = \rho \sum_{i=1}^{m} W_{ij} \ln p_{it} + \beta \ln D_{it} + \sum_{i=1}^{n} \gamma_i X_{it} + \varepsilon_{it} + \nu_i + \gamma_t \quad (5\text{-}2)$$

$$\ln p_{it} = \lambda \sum_{i=1}^{m} W_{ij} \mu_{it} + \beta \ln D_{it} \sum_{i=1}^{n} \gamma_i X_{it} + \varepsilon_{it} + \nu_i + \gamma_t \quad (5\text{-}3)$$

$$\ln p_{it} = \rho \sum_{i=1}^{m} W_{ij} \ln p_{it} + \delta \sum_{i=1}^{n} W_{ij} M_{it} + \varepsilon_{it} + \nu_i + \gamma_t \quad (5\text{-}4)$$

式中，p_{it} 表示第 i 个地区第 t 时刻的农户收入；D_{it} 表示第 i 个地区第 t 时刻乡村旅游与可持续生计协同水平；X_{it} 表示影响第 i 个地区第 t 时刻农户收入的控制变量，基于现有研究成果，选取固定资本投资与农村从业人数比重（kl）、地方财政支出占地区生产总值比重（gov）、产业结构调整（tl）作为控制变量；W_{ij} 表示空间权重矩阵；ρ 为空间误差回归系数；β 为参数项，表明乡村旅游与可持续生计协同对农村发展的作用；γ_i 为参数项，表明在第 i 个地区相关控制变量对该地区农户收入的影响；ε_{it} 为误差项；ν_i 为个体效应；γ_t 为时间效应；λ 为空间自回归系数；δ 表示所有解释变量对农户收入的影响；M_{it} 为包含乡村旅游与可持续生计协同水平及其他三个控制变量在内的所有解释变量集合；μ_{it} 为某种外部影响因子。

（2）空间权重矩阵构建。

空间权重矩阵是指体现在一个空间里有着相互依赖关系个体的矩阵。空间权重矩阵中系数不同、取值不同，表示不同地区对地区 i 的影响权重存在差异，普遍认为空间权重矩阵的对角线元素均为 0，表示一个地区对自身不产生空间影响。在相关研究中运用较多的主要有两种方法：一是依据邻接关系来确定空间的邻接权重矩阵，若地区 i 和地区 j 相邻，则权重 $w_{ij}=1$，否则 $w_{ij}=0$，相邻既可以指两地区拥有共同边界，也可以指两地区拥有共同顶点；二是以距离为重要指标体现空间格局的距离权重矩阵，即距离越近空间相关性越强，权重越大。"距离"有狭义和广义之分，狭义距离通常是指物理距离，广义距离通常是指经济距离。物理距离主要通过测算所在地区的行政中心或质心距离，并将该距离的倒数或者该距离二次方的倒数作为距离权重矩阵的元素；经济距离是选取地区生产总值来衡量地区经济发展水平，计算各地区生产总值差值的绝对值，并将其倒数作为距离权重矩阵的元素，两地区间经济发展水平越相似，经济距离越近，权重就越大。张家界地区由于各县区均相邻，基于上述距离权重矩阵的狭义与广义定义，本章采用经济距离权重矩阵，并运用到空间计量模型中。

5.1.3 数据来源

本章所涉及的变量除了乡村旅游与可持续生计协同水平（D），还包括农户收入（p）、固定资本投资与农村从业人数比重（kl）、地方财政支出占地区生产总值比重（gov）、产业结构调整（tl），考虑到指标数据获取的可操作性和准确性，选取 2005—2020 年张家界整个地区与武陵源区、永定区、慈利县、桑植县四个县区为研究对象，数据主要来自 EPS 数据库、张家界统计局及各县区统计公报，个别缺失的数据运用线性插值法对其进行补充，为消除模型异方差的影响，对所有变量进行对数化处理。各变量的描述性统计如表5-1所示。

表 5-1　各变量的描述性统计

变量	观测值	均值	标准差	最大值	最小值
p	70	5424.834	2808.569	13148	1616
D	70	0.789	0.114	0.980	0.564
gov	70	0.201	0.078	0.405	0.071
kl	70	3.058	2.979	13.843	0.130
tl	70	2.585	0.388	4.916	1.545

5.2　乡村旅游与可持续生计协同效应

5.2.1　总体效应

对利用公式（5-1）建立的乡村旅游与可持续生计协同效应模型进行固定效应和随机效应模型估计（见表5-2）。由于 *Hausman* 值的显著性水平为1%，因此选取固定效应模型分析协同水平对地区发展的影响。

表 5-2　乡村旅游与可持续生计协同效应分析

变量	固定效应模型	随机效应模型	2005—2011 年	2012—2020 年	广义距估计
$\ln D$	1.715 ***	2.206 ***	0.828 ***	2.337 ***	1.822 ***
	(0.270)	(0.328)	(0.212)	(0.732)	(0.252)

续表

变量	固定效应模型	随机效应模型	2005—2011 年	2012—2020 年	广义距估计
$\ln gov$	0.024* (0.237)	−0.102* (0.083)	0.274** (0.157)	0.502* (0.364)	0.001* (0.076)
$\ln kl$	0.305*** (0.078)	0.236*** (0.042)	0.199*** (0.058)	0.194* (0.222)	0.268*** (0.035)
$\ln tl$	0.568** (0.304)	0.223* (0.264)	−0.180* (0.206)	1.271* (1.390)	0.306* (0.220)
$L.\ln p$	—	—	—	—	1.496*** (0.401)
C	8.186*** (0.709)	8.479*** (0.249)	9.016*** (0.486)	8.474*** (1.267)	8.445*** (0.223)
R^2	0.847	0.871	0.402	0.397	
$F/Wald$	219.96***	344.89***	100.79***	48.41***	367.82***
$Hausman$ 值	33.99***		20.91***	17.94***	

注：*、**、*** 分别表示 10%、5%、1% 的显著性水平，括号内数值表示标准误差。

从表 5-2 可知，乡村旅游与可持续生计协同对地区发展具有显著的正向作用，且这种正向作用随着时间的推移逐渐拉大，就整体而言，协同水平每提升 1%，农户收入将提高 1.715%。2011 年武陵山区被纳入集中连片特困地区，张家界属于武陵山区，其经济活动得到很大程度的调整，乡村旅游与可持续生计协同发展迎来了一次新的挑战。因此以 2011 年为时间节点，分时间段进行固定效应模型估计，其回归结果基本上与总体无异，2005—2011 年二者协同水平每提升 1%，农户收入将增加 0.828%，2012—2020 年二者协同水平每提升 1%，农户收入将增加 2.337%，进一步说明二者协同发展水平对农户收入增加具有正向作用，且这种正向作用存在扩大趋势。无论是固定效应模型还是随机效应模型，干扰项均存在显著的序列相关，考虑到模型的内生性问题，利用系统广义距估计方法检验模型的稳健性，即检验乡村旅游与可持续生计发展对农户增收是否具有正向作用。从表 5-2 可知，乡村旅游与可持续生计协同发展模型不存在过度识别问题，其误差项也不存在序列相关问题，因此二者协同对地区发展具有正向作用的结论是稳健的。

政府政策、要素禀赋和产业结构调整对地区发展基本具有正向作用，不过其促进区域发展的效应相对较弱。2011 年以前甚至出现产业结构调整抑制地区发展的现象，但 2011 年以后产业结构调整对地区发展具有明显的正向作用，可能的原因是：众多学者研究发现第一产业增长是地区发展的真正推动力，第一产业和第三产业增长对地区发展具有明显的促进作用，第二产业对带动贫困地区发展的作用较为微弱（谭昶等，2019）。改革开放以来，我国产业结构发生了较大变化，产业结构整体上呈现由"二一三"到"三二一"的转变，前期第二产业发展趋势较好，在扩大第二产业规模的同时，往往忽视了保护生态环境和自然资源，随着生态环境破坏和自然资源毁损，农户资产遭受损失，因此后期也提出不以生态环境和资源为代价来发展经济，要保护生态环境，并根据各地特有的自然资源和良好的生态环境，将其转化为经济发展条件，着力发展乡村旅游，推动可持续发展。

5.2.2 区域差异比较

由于资源禀赋、经济发展水平等的差异，武陵山区张家界地区乡村旅游与可持续生计协同发展存在区域差异性，那么二者的协同水平对促进农户增收的线性关系应该也存在这种区域差异，本章利用多元回归模型对张家界地区各县区进行比较分析（见表 5-3）。

表 5-3 分县区乡村旅游与可持续生计协同效应分析

地区	ln D	ln gov	ln kl	ln tl	C	R^2
永定区	0.883 * (1.084)	-0.313 * (0.665)	0.477 * (0.387)	0.716 * (1.002)	6.815 *** (2.965)	0.9669
武陵源区	1.955 *** (0.587)	0.441 * (0.413)	0.155 * (0.187)	0.606 * (0.519)	9.118 *** (1.406)	0.9762

续表

地区	ln D	ln gov	ln kl	ln tl	C	R²
慈利县	3.483 *** (0.943)	0.299 * (0.437)	0.077 * (0.147)	0.558 * (1.954)	9.348 *** (2.303)	0.9779
桑植县	4.215 *** (0.987)	-0.298 * (0.552)	0.096 * (0.258)	2.803 * (2.078)	6.232 *** (2.474)	0.9742

注：*、**、***分别表示10%、5%、1%的显著性水平，括号内数值表示标准误差。

从表5-3可知，乡村旅游与可持续生计协同效应存在明显的区域差异，效应系数（ln D）排序是：桑植县>慈利县>武陵源区>永定区。这与各县区乡村旅游发展及生计资本现状有关。2005—2011年，慈利县乡村旅游与可持续生计协同水平基本上高于其他三个县区；2011年后，桑植县的协同水平增长较快，逐渐超过了慈利县、永定区和武陵源区，这说明桑植县旅游产业与可持续生计实现了协同发展，进而促进了区域发展。

就控制变量而言，其对地区发展的影响程度各不相同。其中，政府政策（地方财政支出占地区生产总值比重）的系数排序是：武陵源区>慈利县>桑植县>永定区。武陵源区和慈利县的系数为正，桑植县和永定区的系数为负，说明政府政策既存在正向促进地区发展的作用，也存在负向抑制的作用，政府政策对区域发展的作用主要是通过农户自身能力和金融机构发展实现的，武陵源区的金融机构发展水平和农户自身素质及劳动能力较高，政府政策的实施对促进农村发展的效果较好。

要素禀赋（固定资本投资与农村从业人数比重）的系数排序是：永定区>武陵源区>桑植县>慈利县。其系数均为正，表现为正向促进地区发展，其中永定区和武陵源区正向促进效应明显，桑植县和慈利县的正向效应不明显，这与张家界各县区经济发展速度不一有关，相较于永定区和武陵源区，桑植县和慈利县的基础较差、底子较薄，永定区和武陵源区的经济发展速度快于慈利县和桑植县，即资本或技术等要素合理流动与优化配置替代劳动力的能力较强，从而有利于带动经济可持续发展。

产业结构调整的系数排序是：桑植县>永定区>武陵源区>慈利县。其系数均为正，说明产业结构调整升级对地区发展具有正向促进作用，这与各县区经济发展方式、政府扶持等因素密切相关。桑植县得益于扶贫政策的红利，产业结构调整速度比其他区县快。永定区和武陵源区的商业基础一直较好，旅游资源较丰富，在四个县区中也体现出较强的经济实力，其产业结构调整升级进程相对较快。慈利县由于教育水平不高、基础设施较为薄弱，加之区位优势不够明显，缺乏足够的产业优势，产业结构调整升级速度较为缓慢。值得注意的是，张家界拥有丰富的旅游资源，已将旅游产业作为其主导产业，因此政府政策与产业结构调整对地区发展的作用较为明显。

5.2.3 协同发展效应特点

基于乡村旅游与可持续生计协同发展的面板模型和空间计量模型，本章分时间段、分县区对张家界县区协同发展效应进行分析，主要得到以下结论。

协同发展效应日益凸显，但存在区域异质性。以 2011 年为分界点，2011年以前的协同效应系数为 0.828，2011 年以后的协同效应系数为 2.337，明显高于之前的水平，这说明乡村旅游与可持续生计协同发展对农村地区农户增收的正向作用越来越强，尤其是张家界"旅游扶贫"加速了乡村旅游与可持续生计协同发展水平，从而提高了地区农户增收实效。同时，我们也发现协同水平的高低并不能决定地区发展效应的高低，因为协同效应还受到政府政策、要素禀赋、产业结构调整等区域异质性的影响。

5.3　乡村旅游与可持续生计协同空间溢出效应

5.3.1　空间自相关检验

在进行空间计量模型估计前，需要检验相应变量间是否存在空间相关性，大部分国内外学者运用莫兰指数（Moran's I）度量空间自相关性，具体计算公式如下：

$$I = \frac{n \sum\limits_{i=1}^{n} \sum\limits_{j=1}^{n} W_{ij}(Y_i - \overline{Y})(Y_j - \overline{Y})}{S^2 \sum\limits_{i=1}^{n} \sum\limits_{j=1}^{n} W_{ij}} \qquad (5-5)$$

式中，$S^2 = \dfrac{1}{n} \sum\limits_{i=1}^{n} (Y_i - \overline{Y})$，$\overline{Y} = \dfrac{1}{n} \sum\limits_{i=1}^{n} Y_i$，$Y_i$ 表示 i 地区的农户收入；W_{ij} 为空间权重矩阵；n 为地区总数；莫兰指数的取值范围是 [−1, 1]。

当莫兰指数>0 时，农户收入存在空间聚集效应，各地区之间表现出正相关性；当莫兰指数<0 时，农户收入存在空间离散效应，各地区之间存在空间负相关性；当莫兰指数=0 时，无空间相关性。

为了探究旅游产业与可持续生计协同发展对地区农户增收是否存在空间聚集性和空间依赖性，本章采用空间权重矩阵对 2005—2020 年张家界地区乡村旅游与可持续生计协同水平及其农户收入进行空间自相关检验，计算两者协同水平及其农户收入的莫兰指数、Z值和P值，如表5-4所示。

表5-4　乡村旅游与可持续生计协同水平及其农户收入全局自相关检验

年份	乡村旅游与可持续生计协同水平			农户收入		
	莫兰指数	Z值	P值	莫兰指数	Z值	P值
2005	−0.184	1.321	0.093	−0.457	−1.093	0.137
2006	−0.525	−0.977	0.159	−0.641	−1.780	0.038
2007	−0.509	−0.620	0.268	−0.642	−1.607	0.054
2008	−0.007	1.226	0.110	−0.592	−1.785	0.037
2009	−0.459	−0.452	0.326	−0.624	−1.649	0.050
2010	−0.592	−1.451	0.073	−0.594	−1.507	0.066
2011	−0.633	−1.485	0.069	−0.618	−1.472	0.070
2012	−0.615	−0.903	0.183	−0.622	−1.491	0.061
2013	−0.630	−1.235	0.108	−0.626	−1.467	0.071
2014	−0.627	−1.289	0.099	−0.636	−1.435	0.076
2015	−0.547	−0.720	0.236	−0.642	−1.382	0.084
2016	−0.545	−0.885	0.207	−0.642	−1.414	0.079
2017	−0.553	−0.689	0.246	−0.643	−1.367	0.086
2018	−0.464	−0.482	0.315	−0.649	−1.394	0.082
2019	−0.560	−0.658	0.255	−0.645	−1.353	0.088
2020	−0.491	−0.484	0.314	−0.642	−1.413	0.079

从表5-4可以看出，2005—2020年张家界地区旅游产业与可持续生计协同水平及其农户收入的全局莫兰指数均小于0，表明张家界地区乡村旅游与可持续生计协同水平及其农户收入增加并非处于随机分布状态，而是呈现出较为显著的空间负相关性。即协同水平高数值周边被协同水平低数值围绕，协同水平低数值周边被协同水平高数值围绕，农户收入高数值周边被农户收入低数值围绕，农户收入低数值周边被农户收入高数值围绕。但2005—2020年全局莫兰指数波动减小，表示张家界地区乡村旅游与可持续生计协同水平及

其农户收入的空间差异有所减小，这在一定程度上表明随着乡村旅游的发展，农户生计随之发生转型，进而导致农户收入区域差异日益缩小。

5.3.2 实证模型确定

在运用面板计量模型进行实证分析之前，需要进行两个检验：其一是在空间误差模型、空间杜宾模型、空间滞后模型三种模型中选择其一，确定相对适合的空间计量模型；其二是在随机效应和固定效应之间二选一。对于第一个检验，根据国内外学者的研究成果，按照"OLS-SEM/SLM-SDM"的检验顺序展开。首先，运用传统 OLS 面板模型进行 LM 检验和 R-LM 检验，判别 SEM 和 SLM；其次，若 SEM 成立或 SLM 成立，则通过 LR 检验或 Wald 检验考查 SDM 能否转化为 SEM 或 SLM，若检验结果不显著，说明两者之间不能进行转化，则选择 SDM。对于第二个检验，依据 Hausman 检验方法来明确和检验空间计量模型的选择模式，在固定效应模式和随机效应模式之间选择其一。

首先观察 LM 检验的统计量，LM 统计量越显著说明该模型越合适，若多个模型的 LM 统计量存在相同的显著性，需依据 R-LM 统计量的显著性来设定空间计量模型，若 R-LM-error 显著性优于 R-LM-lag，则选择 SEM，否则选择 SLM。在经济距离权重矩阵下，进行 LM 检验和 R-LM 检验（见表 5-5）。由表 5-5 可知，SLM 和 SEM 的 LM 统计量均超过 10% 且显著，表明 SLM 和 SEM 均可分析二者协同发展的效应，但 SEM 优于 SLM。SLM 的 LR 检验或 Wald 检验的统计量分别在 5% 和 1% 的水平上表现显著。与此同时，SEM 的 LR 检验和 Wald 检验均在 1% 水平上显著。LR 检验和 Wald 检验均显著（$P \leqslant 0.05$），说明 SDM 不能简化为 SEM 或 SLM，需保留完整的 SDM。因此，本章运用 SDM 进一步探讨乡村旅游与可持续生计的空间溢出效应。

表 5-5 模型的 LM 检验和 LR 检验

LM 检验和 R-LM 检验	统计量	LR 检验和 Wald 检验	统计量
LM-lag	4. 1951*	*LR_spatial_lag*	13. 16**
R-LM-lag	18. 3402***	*Wald_spatial_lag*	232. 7747***
LM-error	28. 4232***	*LR_spatial_error*	50. 55***
R-LM-error	42. 5684***	*Wald_spatial_error*	141. 9353***

注：*、**、*** 分别表示 10%、5%、1%的显著性水平。

5.3.3 模型结果分析

利用公式（5-4）对张家界 2005—2020 年乡村旅游与可持续生计协同发展的空间溢出效应进行探讨（见表 5-6）。由表 5-6 可知，第一，响应变量滞后项的系数 *rho* 可反映地理因素对农户收入的影响，这里 *rho* 取值为 0.7442，表明张家界农户收入存在空间依赖性与空间溢出效应，地理因素对张家界农户收入有显著正向作用，即相邻地区农户收入变动会引起本地区农户收入相应变动。事实上，相邻地区有着相似的地理环境，经济发展相互渗透，有利于各地区经济发展模式的相互借鉴学习，形成相邻地区经济发展的趋同。

表 5-6 SDM 估计结果

	ln *p*	回归系数	标准误差	*P* 值
直接效应	ln *D*	0.6770	0.3451	0.056
	ln *gov*	0.0943	0.1455	0.520
	ln *kl*	0.2313	0.0978	0.023
	ln *tl*	−0.0357	0.2993	0.906
	C	2.5362	0.1753	0.000

续表

ln p	回归系数	标准误差	P 值
ln D	0.1946	0.1595	0.229
ln gov	0.1285	0.0524	0.018
ln kl	0.0488	0.0461	0.001
ln tl	0.1595	0.0819	0.058
Spatial rho	0.7442	0.0504	0.003
R^2	0.8565		
LogL	72.8059		

注：第一列前四行为"空间溢出效益"，第五行为"Spatial"。

第二，乡村旅游发展与可持续生计协同水平当期系数（即直接效应）和滞后期系数（即空间溢出效应）均为正，其值分别为 0.6770 和 0.1946，说明二者协同发展水平对张家界农户收入具有正向影响，与预期影响一致。其原因在于二者协同发展水平越高，表明乡村旅游与农户生计转型的协同发展水平越高，降低了乡村旅游固有的脆弱性，重新分配了农村的自然环境要素，实现了资源的优化配置，完善了农村的基础设施，鼓励农户出售绿色农产品，同时政策支持等方式拓宽了农户增收渠道，有利于农户增加经营性收入，促进农村经济社会发展。

第三，政府政策的当期系数和滞后期系数均为正，其值分别为 0.0943 和 0.1285，说明政府政策对农户收入的正向作用存在滞后效应，即政府政策实施初期对农户收入的正向作用不明显，但随着时间的推移，其正向影响越来越大且显著，与预期影响一致。其原因可能在于政府政策实施初期，在政策执行过程中存在各种各样的障碍，造成政府政策无法及时发挥作用，导致有效政策供给不足，使针对农村发展的政策存在一定的滞后性，但随着政策实施的不断深入，政策对农村发展的正向效果越来越明显。

第四，要素禀赋的当期系数和滞后期系数均为正，其值分别为 0.2313 和 0.0488，说明要素禀赋对张家界农户收入具有正向作用，且当期要素禀赋的正向作用远大于滞后期，与预期影响一致。其可能的原因在于随着资本和技

术等生产要素的投入，经济发展水平随之提升，从而创造出更多的就业机会
及岗位，尤其是在相对贫困地区，资本和技术等生产要素的投入将弥补地区
基础设施落后、产业基础薄弱等短板，进而促进地区经济水平提升，同时增
加农户收入。

第五，产业结构调整的当期系数为负，滞后期系数为正，其值分别为
-0.0357 和 0.1595，说明产业结构调整滞后项对农户收入具有正向影响，但
产业结构调整的当期项对农户收入的负向影响较弱。其可能的原因在于张家
界旅游产业是其主导产业，随着旅游产业的发展，当地传统的生活习惯、生
计方式、生计策略和生态环境都发生了巨大的变化，第一产业和第二产业逐
渐向第三产业转变，第一产业和第三产业占据主要位置，但在产业结构转型
过程中，会遇到各种各样的障碍，从而表现出产业结构调整当期与滞后期的
影响作用呈相反方向。

5.3.4 协同发展效应分解

若空间自回归系数不显著为 0，则直接运用空间自回归系数探讨变量的
空间溢出效应是存在一定偏误的。因此，本章运用空间自回归偏微分方法
把乡村旅游与可持续生计协同发展的空间总效应分解为直接效应和间接效
应，考察乡村旅游与可持续生计协同水平对地区发展的作用路径（见表
5-7）。

表5-7 乡村旅游与可持续生计协同发展的空间效应分解

空间效应	ln D	ln gov	ln kl	ln tl
直接效应	0.6336 **	0.1857 *	0.1503 *	0.0158 *
	(0.2778)	(0.1798)	(0.0853)	(0.2914)
间接效应	1.7983 **	0.3627 *	0.5738 ***	0.0793 *
	(0.7043)	(0.4165)	(0.2195)	(0.6717)

续表

空间效应	ln D	ln gov	ln kl	ln tl
总效应	2.4319**	0.5384*	0.7241**	0.0951*
	(0.9527)	(0.5616)	(0.2991)	(0.9149)

注：*、**、*** 分别表示 10%、5%、1% 的显著性水平，括号内数值表示标准误差。

乡村旅游与可持续生计协同发展空间效应显著。从表5-7可知，二者协同发展的直接效应、间接效应和总效应均为正，且均在5%的显著性水平下通过检验，其值分别为0.6336、1.7983和2.4319，表示二者协同水平每提升1%，将推动本地区农户收入增加0.6336%，带动邻近地区农户收入增加1.7983%，最终促进整个张家界地区农户收入增加2.4319%。因此，乡村旅游与可持续生计协同对本地区及相邻地区乃至整个张家界地区的发展具有显著的正向作用，且其直接效应明显小于间接效应，说明本地区二者协同的发展效应对其周边地区发展的正向作用更大。

从表5-7可知，政府政策对区域发展影响的直接效应、间接效应和总效应均为正，且均在10%的显著性水平下通过检验，其值分别为0.1857、0.3627和0.5384，表示政府政策实施水平每提升1%，将推动本地区农户收入增加0.1857%，带动邻近地区农户收入增加0.3627%，最终促进整个张家界地区农户收入增加0.5384%。因此，政府政策对地区发展具有正向作用，且其直接效应明显小于间接效应，说明本地区政策的发展效应对其周边地区的正向作用更大。据此，对于加强政府的主导作用、提升农户素质和专业技能，从而推动区域发展具有一定的参考价值。

要素禀赋的直接效应、间接效应和总效应均为正，且分别在10%、1%和5%的显著性水平下通过检验，其值分别为0.1503、0.5738和0.7241，表示要素禀赋水平每提升1%，将推动本地区农户收入增加0.1503%，带动邻近地区农户收入增加0.5738%，最终促进整个张家界地区农户收入增加0.7241%。因此，要素禀赋对本地区及相邻地区的发展具有正向作用，且其直接效应明显小于间接效应。据此，增加地区资本和技术等要素的投入，可以创造出更多的就业机会及岗位，带动地区基础设施建设，从而促进地区经济水平提升，增加农户收入。

产业结构调整的直接效应、间接效应和总效应均为正，且均在的 10% 显著性水平下通过检验，其值分别为 0.0158、0.0793 和 0.0951，表示产业结构调整每正向变动 1%，将推动本地区农户收入增加 0.0158%，带动邻近地区农户收入增加 0.0793%，最终促进整个张家界地区农户收入增加 0.0951%。因此，产业结构调整对本地区及相邻地区发展有一定的正向作用。推动产业结构调整升级，可以减少农村剩余劳动力并将其引入旅游服务业等领域，从而增加农户收入。

综上，政府政策与要素禀赋的正向空间效应显著，而产业结构调整在发展过程中的正向作用较弱，这一结论与 OLS 及广义距估计模型估计结果一致。其原因可能在于在脱贫攻坚初期，各县区自身产业的发展能力较弱，资金利用率较低，资源闲置等问题较为明显，产业扶贫模式不健全，农户"等靠要"问题仍然存在，造成产业结构调整升级在贫困地区扶贫过程中的作用不明显。但随着时间的推移，产业结构调整升级的滞后性被克服，且相邻地区产业间相互合作、交流频繁，提高了资金及资源的利用率，进而表现为产业结构调整整体上对地区发展具有正向促进作用。因此，实现乡村旅游与可持续生计协同发展是农户增收的有效途径之一，强化"政府—机构—农户"等多方参与模式、充分发挥主体作用是推动农户增收的重要手段。

5.4　本章小结

为了研究乡村旅游与可持续生计协同及空间效应，本章利用位于武陵山区核心位置的张家界地区作为案例地，以乡村旅游与可持续生计协同水平为自变量，农户收入为因变量，建立面板计量模型与空间计量模型，利用传统面板计量方法、空间计量方法等理论，检验乡村旅游与可持续生计协同发展对地区发展具有正向作用，并验证其稳健性。研究发现：①在分时间、分地区的协同效应中，乡村旅游与可持续生计协同的正向作用随着时间推移呈现上升趋势，但在各地区协同的差异较大，即协同效应存在明显的区域差异，区域差异主要体现在要素禀赋、政府政策、产业结构调整和协同水平方面的不同。②运用空间自相关检验、LM检验、LR检验和Hausman检验，选取经济距离权重矩阵下的空间杜宾模型对地区发展的促进作用进行估计，发现协同水平发展对地区发展具有显著的空间效应。③进一步运用空间自回归偏微分方法将空间溢出效应进行分解，发现二者协同发展的总效应、直接效应和间接效应均显著为正，且直接效应远小于间接效应，这也进一步表明在乡村振兴过程中，应重点思考如何提高乡村旅游与可持续生计协同发展的扩散效应。

由此可知，实现乡村旅游与可持续生计协同发展是促进地区发展的有效途径之一，强化"政府—机构—农户"等多方参与发展模式、充分发挥主体作用是推动农村地区发展的重要手段。

第 **6** 章

乡村旅游与可持续生计
协同路径探究

　　乡村旅游与可持续生计的协同发展对于促进农户增收和乡村振兴有着重要作用。乡村旅游发展是推动乡村经济繁荣的新型产业手段，能够形成乡村地域系统"人—地—业"良性循环，丰富农户生计，促进乡村产业多元化，助力国家乡村振兴战略的顺利实施。

　　本书前述章节探讨了宏观（区域和县域）尺度下乡村旅游发展与可持续生计的协同水平和空间效应，研究发现二者的协同发展对于地区发展具有正向的空间促进作用，但协同效应存在明显的区域差异，尤其是在政府政策、要素禀赋、产业结构调整和协同水平方面有着显著的不同。因此，为了探究微观尺度下二者协同发展的相互作用过程和机理，结合前述章节中对乡村旅游与可持续生计协同发展驱动力及协同效应分解结果，本章选取了位于武陵山区腹地的张家界地区的五个典型村庄作为案例地，通过实地调研和深度访谈等方法，以行动者网络理论为基础，探究乡村旅游与可持续生计协同路径，以期为同类型区域的乡村可持续发展提供经验借鉴。

6.1 分析框架及案例地概况

6.1.1 行动者网络分析框架

基于行动者网络理论，将张家界各调研案例乡村的"传统农业乡村—现代旅游乡村—文化旅游乡村"这一发展过程看作行动者网络的变化过程，不同乡村建设与可持续发展过程机制则根据乡村行动者网络中的转译环境解释。并基于此对不同乡村形成的异质行动网络变化来综合分析乡村旅游与旅游型美丽乡村的复合空间转型的驱动机制。对行动者的问题和利益进行转译和分析，通过行动者网络理论中的核心要素——问题呈现、利益赋予、征召和行动分析实现，并将其形成集体共识的过程根据空间转型机制进行剖析，同时分析异质行动者在乡村建设和发展过程中的差异化作用。根据行动者网络理论中的对等性原则，在各案例村的分析过程中行动者既可以是真实的人类行动者，也可以是非人类行动者，人类行动者和非人类行动者共同形成了异质性行动网络中最核心的要素，二者相互作用和相互影响，进而推动行动者网络的发展和演化。

行动者网络理论分析框架主要由两个网络内容组成，纵向的各个部分构成了行动者网络的不同内容，横向的部分则为异质性网络的转译（见图6-1）。行动者网络主要包括三个部分，分别是行动者结合、强制通行点和行动目标集合。问题呈现、确立强制通行点、利益赋予、征召和动员是行动者网络的转译内容，通过排除可能存在的异议最终形成利益联盟。

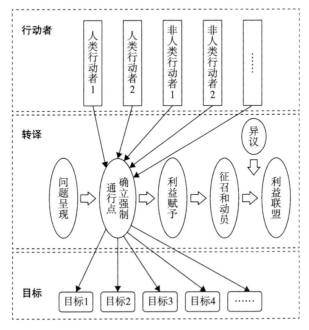

图 6-1 行动者网络转译模型和框架

6.1.2 案例地选择及概况

基于前述章节对乡村旅游与可持续生计协同发展驱动力的分析，政策驱动力、经济驱动力、社会促进力、资源聚集力等驱动力对二者的协同发展产生了差异化的影响，乡村产业结构的调整和旅游产业功能的拓展对乡村经济结构转型和旅游产业的可持续发展产生了显著影响；旅游减贫的发展策略改善了农户生计结构，进而促进了农户增收；乡村旅游资源的开发可以促进青壮年劳动力的回流，强化乡村人力资本，完善乡村旅游设施建设，进而促进乡村地域系统旅游接待能力提升；乡村旅游基础设施的完善可以促进城乡社会公共服务水平的均衡，同时旅游产业发展也有利于乡村剩余劳动力的就业，促进社会公平发展。从乡村旅游与可持续生计协同发展效应分解结果来看，政府政策、要素禀赋、产业结构调整均会对区域发展产生不同程度的影响。

因此，根据经济驱动力、政策驱动力、资源聚集力和社会促进力四个维度，结合政府政策、要素禀赋和产业结构调整等不同维度对乡村旅游与可持续生计协同的影响，本章选取张家界市五个乡村进行深入调研，调研采用半结构化访谈和深入走访等方式。乡村的选择依据为全国乡村旅游重点村，且乡村旅游的发展模式特点显著，可以突出不同乡村的生计资本特点。调研时间为 2021 年 12 月 20—31 日，访谈内容主要围绕当地旅游业的发展及农户生计改善情况，访谈对象为当地农户及村干部，接受访谈的总人数约为 30 人，每位访谈对象的访谈时间控制在 30~60 分钟。访谈人员以书面和录音材料方式记录要点。具体案例地发展特征如表 6-1 所示。

表 6-1　案例地发展特征

案例地	地理位置	发展驱动力
A 村	武陵源区	政策驱动力+资源聚集力+区位优势
B 村	永定区	经济驱动力+社会促进力
C 村	武陵源区	经济驱动力+资源聚集力
D 村	慈利县	政策驱动力+区位优势
E 村	永定区	政策驱动力+资源聚集力+经济驱动力

（1）A 村。

A 村位于张家界武陵源的核心景区，共 165 户 633 人，5 个居民小组，少数民族人口主要为土家族，占总人口比重的 98%，是典型的土家族少数民族村落。武陵源区核心景区梓木岗门票站位于本村的辖区范围内，区位优势明显，交通十分便利，村落距离张家界机场约 30 分钟车程，距离张家界西站约 20 分钟车程，距离武陵源区景区 15 分钟车程，距离核心区景区仅 5 分钟车程。该村于 2017 年和 2018 年分别获得了省级美丽乡村示范村和乡村振兴示范点的称号。2018 年地区生产总值达到 1000 万元，其中旅游业收入 900 多万元，人均收入近 1 万元，村集体经济收入 60 万元。

（2）B 村。

B 村因溪水而得名，位于张家界永定区王家坪镇西南部，是该镇下辖建制村。东与紫荆塔村以南武当山脉分水为界，南与沅陵县七甲坪镇两河村交界，是唐朝以来的盐帮古道，南下沅水洞庭，西上湖北来凤，东临常德桃源，北接慈利溪口，是湘鄂边区的交通要塞。据统计，该村在 2018 年时游客接待量已经超过 20 万人次，旅游业相关收入在 1000 万元以上。2018 年全村人均收入超过 1 万元。该村为传统村落，先后获得了"美丽宜居村庄""中国少数民族特色村寨"和"中国名村志文化工程先进村"等多项国家级荣誉；2019年被授予"湖南省同心美丽乡村"和"国家森林乡村"等荣誉称号。

（3）C 村。

C 村为张家界武陵源区的行政村，位于武陵源区西北部，辖有 7 个组，368 户 1025 人，全村总面积 9.6 平方千米。随着民族旅游特色集镇的不断发展与形成，C 村村民由从事传统的农业逐步转为从事旅游服务业。2018 年人均纯收入 12600 元，2019 年达到 13800 元。2018 年接待游客量达到 13 万人次，全年旅游业产值为 2400 万元。此外，该村创办了剁椒厂、天子山猕猴桃基地合作社等，年产值达到 500 多万元，生态猪养殖产值达到 300 万元。

（4）D 村。

D 村为张家界慈利县三官寺土家族乡的行政村，位于张家界大峡谷、宝峰湖、黄龙洞等名胜景区周边，村域森林覆盖率超过 80%。全村面积 7.41 平方千米。全村 285 户 872 人，10 个村民小组。村集体经济规模超过 20 万元，2018 年人均纯收入在 12000 元以上。全村流转土地 245 亩打造禾田居山谷，年接待游客 15 万人次，网红餐厅"洞穴餐厅"接待游客 12 万人次，实现营收 1000 万元，解决了本村 80% 劳动力的就业，带动村民年增收 4000 元以上。

（5）E 村。

E 村位于张家界永定区，地处张家界市西郊，距离张家界市区 12 千米，张花高速和张桑高速贯穿该村，交通十分便利，是张家界西线旅游的门户。全村面积 3.85 平方千米，共有 13 个村民小组，总人口 1678 人。2018 年村民可支配收入超过 15000 元，累计接待游客超过 15 万人次，全村乡村旅游收入突破 1000 万元，纯利润超过 120 万元。

6.2 乡村旅游发展与可持续生计行动者网络构建

6.2.1 行动者分析

在张家界五个案例村中，人类行动者包括湖南省政府、张家界市政府、各县区政府、各村村委、外来资本投资方、务工回乡人员、村民和游客；非人类行动者包括各村的土地、房屋（民宿）、村庄道路、民俗文化等。

政府是各村实施乡村旅游的发起者和核心行动者，湖南省政府、张家界市各级政府对案例村的旅游发展发挥领导和引导作用。2014 年湖南省发布了《湖南省改善农村人居环境建设美丽乡村工作意见》，该意见的实施在很大程度上推动了乡村人居环境的改善，政府的政策引导是该行动者网络的重要角色。该意见强调完成村庄人居环境整治任务，大力推进水、电、路、讯、房

等基础设施建设，在国省道公路沿线、城镇周边地区和旅游景区每年选择建
设 300 个左右田园美、村庄美、生活美的美丽宜居乡村。作为湖南省乡村旅
游的聚集区域，张家界市政府也是重要的行动者之一，张家界市依托武陵源
等乡村旅游优势资源，深入推进美丽乡村建设，改善村容村貌，促进了乡村
环境的实质性提升。各县区政府也是乡村旅游减贫和乡村振兴的重要行动者，
通过县级公职人员驻村帮扶、定点帮扶和结对帮扶等措施，消除了各村的贫
困人口。

各案例村的村委是网络中的具体行动者，既承担着传达上级政府关于乡
村旅游发展相关政策的责任，又是乡村旅游提质增收和美丽乡村建设的实际
执行者。自 2014 年以来，各案例村均有扶贫驻村干部驻村办公，且扶贫第一
书记均由县区各行政部门的主要领导任职，对乡村的扶贫工作起到了重要的
领导作用。各村原有的两委成员是本村村民，且多为致富能手。

社会资本是行动者网络的重要组成部分。各村引入了不同的社会资本，
且通过因素资本成立合作社。从调研结果来看，引入的社会资本基本上是本
村或者本地的村民通过在外经商的资本积累，他们返乡创业，为本村的发展
贡献自己的力量。

本村的村民也是旅游扶贫行动者网络中的基础角色。本章案例村中的脱
贫户是行动者网络的主要作用对象。此外，本村外出务工的青年劳动者以及
返乡的青年会为乡村的发展注入活力和带来城镇化的新思想。同时，返乡创
业也会通过引入外部社会资本来建构本地化的新的社会网络。未实施精准扶
贫和乡村建设时，村民主要通过种植和养殖等基础性的农业生产经营活动来
维持生活，但通过精准扶贫和美丽乡村建设，村民的生计结构逐步多元化，
通过土地流转分红、在乡村旅游企业就业、加入村民合作社等方式丰富了生
计来源，同时摆脱了贫困。

6.2.2　强制通行点

强制通行点是各行动者网络中不同类型行动者在整个行动过程中均须遵循的准则，也是所有乡村增收、美丽乡村建设和乡村振兴行动者网络中的共同利益点。因此，强制通行点有三个阶段：第一阶段是美丽乡村建设阶段，该阶段通过上级政府的领导和自上而下的管理实施路径，促进乡村基础设施建设，村容村貌变得整洁，进而实现美丽乡村的建设。第二阶段是通过发展乡村旅游促进减贫的阶段，在美丽乡村建设的基础上，乡村系统的整体利益点转变为实现 2020 年如期脱贫的目标，为实现这一目标发展乡村旅游，促进贫困户生计多样化，提高收入水平，实现"两不愁三保障"，最终实现如期脱贫。第三阶段是乡村振兴阶段，这一阶段与精准扶贫并没有完全的分界线，从本质上来说三个阶段的最终目标都是实现乡村的可持续发展目标，第三阶段则是在保障脱贫群体收入的基础上进一步推动乡村产业的升级，旅游产业也朝着可持续的方向发展，吸引更多的本地青年劳动力回乡创业，为乡村发展注入源源不断的活力，最终实现乡村的绿色和可持续发展。

6.2.3　征召和动员

在明确各方行动者和利益诉求的基础上，确定各方力量以及关系网络的强制通行点，需要对网络中不同的行动者进行利益的赋予，进一步排除行动者网络中的异议。在确定强制通行点和排除异议后，由核心行动者对其他所有行动者进行征召和动员，使得大家在确定共同目标的背景下，参与整个网络的建设和发展，最终形成并达成建设美丽乡村、乡村旅游生计可持续以及乡村振兴的目标。

（1）第一阶段：美丽乡村建设。

通过自上而下的政策征召，湖南省政府和张家界市政府大力推动美丽乡村建设政策，各案例村的村委会积极向市政府和省政府申请建设美丽乡村项目，在申请获批的积极反馈下，引入上级投入的"美丽乡村建设"专项资金，由村委带领村民对乡村的道路、水电等基础设施进行改造升级，建立村规民约等治理措施来促进乡村建设向良性发展。

（2）第二阶段：乡村旅游脱贫。

1）行政力量征召。在湖南省政府传达自上而下精准扶贫政策的基础上，张家界市政府开始探寻适合本地的发展道路，制定适合本地发展的扶贫策略。在确定发展乡村旅游带动脱贫的基本政策后，组织驻村扶贫工作队进行定点帮扶、结对帮扶。在驻村工作队驻村帮扶后，与村委形成社交网络的桥接，共同达成了通过发展乡村旅游实现减贫的战略。然后通过驻村扶贫干部和村民多个社交网络征召社会资本进入，引入社会资本进入本村，成立相应的合作社和共同利益集团，最终将引入的旅游项目和建成的旅游接待设施嵌入本地的行动者网络。

2）旅游资源征召。在明确共同利益后，通过对本地旅游资源进行整合，发现各案例村具有优质的旅游资源，且与武陵源景区形成良性互动，适合通过发展乡村旅游来带动各案例村发展，因此对不同类型的旅游资源进行开发和整理。

3）社会网络征召。在各级政府的动员下，一批致富能手担任村党支部书记和村委会主任，将先进的发展理念注入传统的农业乡村系统；同时，驻村干部也发挥重要作用，他们作为对口支援的智力和管理资源，对于整合乡村内外的社会资源起到了重要作用，部分扶贫干部积极联络外部资金，通过整合社会资本为乡村旅游设施建设带来充足资金。

4）土地与房产征召。治理前的各案例村普遍存在人口外流现象，有一些闲置农房和闲置用地，各行动者通过协调，对闲置农房和闲置用地进行征召，通过微改造和新建等方式建设一批旅游接待设施，同时通过打造农家乐、农庄乐园，村民也加入了旅游产业，融入了乡村旅游发展网络。

（3）第三阶段：乡村振兴发展。

"十四五"期间是我国全面建成小康社会后促进乡村振兴的关键时期，巩固拓展脱贫攻坚成果，改善乡村生态环境，促进乡村生态文明发展，"两山论"也逐步贯彻到乡村旅游中来。如何发展可持续的旅游产业来带动乡村振兴成为新的研究课题；同时，需要寻求更加可持续的发展方式来促进乡村的全面振兴。

6.2.4 行动机制

（1）政策和资金支持。

乡村旅游发展的重要动力之一是政策支持，张家界旅游资源丰富，在湖南省大力推动美丽乡村建设的契机下，配套政策和专项资金的扶持为乡村旅游的发展奠定了雄厚的基础。

自 2016 年以来，张家界地区充分将脱贫攻坚和旅游产业发展相融合，让群众共享旅游发展红利，逐步探索出一条旅游扶贫的新模式（麻学锋等，2020）。同时驻村工作队的入驻，为乡村扶贫工作带来了新的政策支持，且结对帮扶加强了政策普及，让低收入农户了解了国家的政策体系。此外，通过发展旅游增收，借助武陵源区的强大客流，对旅游资源进行深度开发，通过深入挖掘当地文化，开发魅力湘西国际文化广场、中国大鲵生物科技馆、黄龙洞的哈利路亚音乐厅等文化景点，新建禾田居、梓山漫居等特色民宿和步道等工程和文化景点，实现乡村旅游产业对乡村发展的二次反哺。2020 年年底，张家界取得脱贫攻坚胜利，进入了促进乡村振兴发展的新阶段。

因此，在各案例村的乡村旅游发展和乡村振兴的行动者网络中，行政力量的支持是推动网络发展的基础力量之一。首先，通过政策实施推动美丽乡村建设，改善乡村的村容村貌和基础设施；其次，通过干部驻村，结对帮扶等措施，全面实现各村脱贫；最后，通过实施乡村振兴战略，颁布《中华人民共和国乡村振兴促进法》，确定了促进乡村发展的目标和方向。

（2）基础设施提升与村容村貌美化。

第一阶段是湖南省大力推动的美丽乡村建设阶段，该阶段在很大程度上提升了各村的村容村貌，促进了乡村自然环境保护，提升了各村的基础设施水平。第二阶段是精准扶贫阶段，通过确定乡村旅游扶贫的发展方向，各村通过建设村道、引入自来水、危房改造等措施，在很大程度上改善了低收入群体的生产生活条件。较好的村容村貌吸引了致富能手等社会资本投资，从而促进了各村旅游接待设施和旅游项目的建设。第三阶段是乡村振兴阶段，各村持续提升村庄的旅游接待能力，促进村庄基础设施升级，吸引更多的社会资本投资，形成了村庄良性发展的局面。

（3）乡村旅游资源的开发。

精准扶贫和乡村振兴阶段旅游资源的开发形成了以社会资本成为主要行动者的异质性行动网络。一方面，自上而下的精准帮扶促进了乡村旅游发展，增加了村民的就业机会和收入；另一方面，社会资本的引入使乡村旅游资源的开发成为乡村旅游增收和乡村振兴网络的统一化强制通行点。各案例村均成立了"企业+村集体+农户""农户+合作社+企业""农户+村集体+企业+基层组织"等多种形式的合作组织，促进了资源向资本、资金变股金和农民变股东的转化。

旅游资源的开发主要表现为闲置农房开发为民宿，通过土地流转等措施建设旅游接待设施和旅游项目，道路修缮，打造配套娱乐设施等旅游综合体。通过建设农事体验区来增强游客的旅游体验感。此外，还建立了农产品交易市场，提供本地农产品的交易平台等。

（4）旅游产品推介。

部分案例村拍摄了形象宣传片，并投放到一些视频平台，通过打造唯美乡村形象来提升当地旅游产品的吸引力，进而实现乡村旅游产品推介。与此同时，为了与国家智慧旅游发展要求和湖南省"四化两型"战略对接，各案例村积极开发智慧旅游平台，以村级游客服务中心为重点，兼顾景区、客栈酒店、家庭旅社、农家乐和旅游购物商店等客流密集场所，通过微信和旅游 App 等的结合，实现景点推介、信息互动、需求配套等多种形式相融合。同时，部分案例村还通过建设田间地头的监控网络，构建直通游客手机端的农产品监控，确保农产品绿色化质量。此外，还有些案例村将编写的村志和宣传手册在武陵源等高客流景区周边进行投送，将客流引至本村，实现村庄旅游产品推介。

6.3 乡村旅游发展与可持续生计协同路径

本节基于行动者网络理论，在分析五个案例村发展路径的基础上，分析村庄发展模式，探讨不同村庄乡村旅游增收模式与生计转型的差异化，为当前和未来乡村振兴发展奠定基础。

6.3.1　A 村——政府主导，以环境整治促生计转型

（1）村民生计结构转变。

A 村在 1988 年前属于大庸县，位于大庸县、慈利县和桑植县三县的交界处，是大庸县最为偏远的山村之一，且交通不便。全村山林面积 8700 多亩，耕地仅 454 亩，人均耕地面积匮乏，加之海拔较高，日照时间较少，村民生计来源主要是种植农作物和外出务工，部分贫困户的温饱问题都难以解决。为适应当地经济环境以及社会环境的变化，从行政管理的角度来看，早期张家界国家森林公园、索溪峪自然保护区和天子山自然保护区被两个地级行政区和三个县级行政区分开管理。其后，通过设立武陵源区对上述三个景区进行统一的行政管理，优化了景区的资源配置和行政管理效率，景区周边的乡村地区也得到一定程度的发展，形成景区城镇化现象。

随着美丽乡村建设、精准帮扶和乡村振兴战略等政策的实施，以及网络中各行动者的共同努力，A 村经济社会发展水平得到了较大程度的提升。村民的生计结构也得到了极大的丰富（见图 6-2），从传统的依靠种植农作物和外出务工获得收入转变为既包括传统生计手段，又包括旅游业就业、参与式农业、村企分红、种植经济作物、回乡创业等多元化的生计体系，村民的收入水平也得到了极大的提升。乡村旅游增收成效显著，截至 2018 年，村民从旅游业中获得的年收入达到了 900 万元。旅游业总体从业人数从 2015 年的 38 人上升到 2018 年的 278 人，本村村民从事旅游业的人数从 2015 年的 25 人上升到 2018 年的 205 人（见图 6-3）。

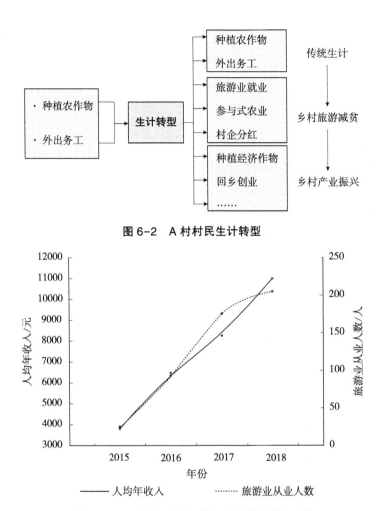

图 6-2　A 村村民生计转型

图 6-3　A 村村民人均年收入和旅游业从业人数

(2) 政府主导，多行动者联动，整治环境促进乡村振兴。

从 A 村的行动者网络来看（见图6-4），A 村乡村振兴战略的实施是在各级政府的领导下顺利推进的。首先，制定了环境整治专项行动方案，明确了乡、村、组的各级负责人。其次，在各级负责人和驻村干部、规划团队、村民的共同努力下，通过山塘整治、公路硬化、栈道修建等项目促进了旅游基础设施的提质升级。再次，建立了整治体系，强化了管理效果。在人类行动者和非人类行动者的共同作用下，以旅游设施提质改造、政策引导、规划指引、旅游资源开发和旅游产品推介等行动机制为基础，通过管理体系建设，强化了各类行动者的行动准则和标准。最后，发挥群众的主体作用，激发内生动力。通过政策宣传和召开村民学习会等手段，将乡村旅游发展与土家族文化相融合，让村民认识到自身发展与乡村发展的统一性，激发村民自主发展的动力。

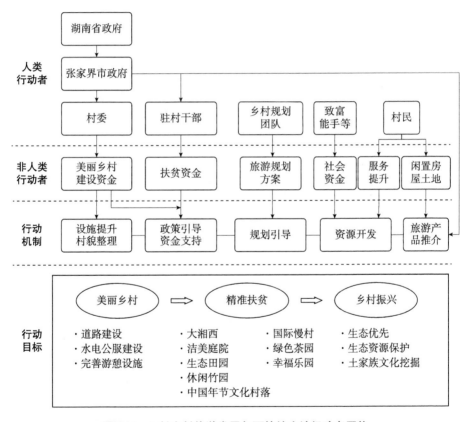

图6-4　A村乡村旅游发展与可持续生计行动者网络

A村采取的模式为政府引导下以乡村环境整治带动乡村振兴的模式，通过制定环境整治专项行动方案为乡村环境整治提供指引；同时，乡村环境的提升为乡村旅游接待设施的优化奠定了基础。

6.3.2 B村——文化牵头，带动生计结构优化

（1）村民生计结构转变。

B村位于张家界的东南边陲，与沅陵县七甲坪镇交界。当地民族文化底蕴深厚，土家族民俗风情浓郁，自然环境优美，区位交通优越。该村最大的特点是深入挖掘乡村文化，建设村史馆，大大提升了村民的文化自信。

20世纪80年代，村民的主要收入来源有限，农副产品经营、畜牧养殖等为主要收入来源；90年代以后，青年人外出务工成为主要的收入来源，老年人在家用传统的农耕方法自给自足地进行种植和养殖。2010年以后，B村逐步依靠张家界的强大客流量发展旅游产业，村民生计来源逐步多元化，除传统的种植和养殖外，通过挖掘土家族村寨特色，成立民间艺术队伍，传承土家族文化，艺术团体成员达到80人，将多种土家族歌舞重新搬上舞台，保护和传承了一大批少数民族非物质文化遗产。同时，统筹民间工艺和闲散劳动力，成立村庄织绣合作社，制作具有土家族特色的织锦、绣花、草编、篾编和藤编产品，促进农户增收。对198栋土家族吊脚楼进行登记造册，根据建筑风格，办理吊脚楼档案，保护了土家族民居文化。传承耕读文化，促进了村规民约深入人心，村风民风得到改善。此外，加强植被保护，封山育林、植树造林，发展农林休闲产业，保护渔业资源，初步形成了可持续发展的经济模式（见图6-5）。

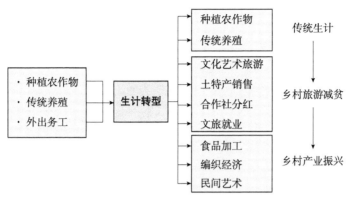

图 6-5　B 村村民生计转型

（2）文化"搭台"，旅游"唱戏"，驱动产业振兴。

从 B 村的行动者网络来看（见图 6-6），该村行动者网络的最大特点是深度挖掘土家族文化，以文化和乡村精神文明建设为乡村旅游发展与可持续生计行动者网络的核心子网络，同时也将其作为乡村旅游产业发展的驱动力。通过传承并发展土家族民间艺术，发展壮大土家族艺术团，定期开展培训和排练，打造乡村旅游文化品牌。挖掘文化旅游资源，将村民捐献的 2800 件土家族生产生活用具进行规范化管理，建设村史馆，展示民俗和风土人情。

B 村模式的最大特点在于其乡村文化驱动下的生计转型，深度挖掘传统文化，在传承和发扬土家族文化的基础上，以文化发展促进乡村旅游业发展，进而带动乡村振兴；B 村自然资本和社会资本有限，但通过成立民间艺术团体，保护土家族传统文化，并将保护传统文化列入村规民约，提升了村庄的凝聚力，也激发了村民自主发展的动力。

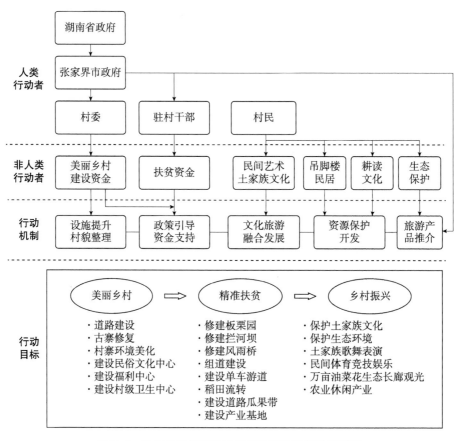

图6-6　B村乡村旅游发展与可持续生计行动者网络

6.3.3　C村——区位突出，旅游带动生计策略升级

（1）村民生计结构转变。

随着乡村旅游和乡村振兴战略的实施，C村民族特色的旅游集镇不断发展，村民由过去从事传统农业生产逐步转型为从事旅游服务业，旅游发展的潜能和产业优势正逐步形成。由于C村整体位于张家界自然保护区之内，其

种植业和养殖业受到较大的限制，因此在发展乡村旅游以前，村民的收入主要依靠青年劳动力外出务工。在实施旅游扶贫和乡村振兴战略后，村民的生计来源逐步多元化，从传统的外出务工转变为部分青年回乡创业，发展农事体验游、民俗文化展演、旅游文创等（见图6-7）。同时，随着乡村振兴和美丽乡村等政策的引导，村民保护生态环境的意识逐步增强，乡村的基础设施也得到了改善和优化，在村级党组织的带领下，乡村治理水平不断提高。经过多年的乡村旅游发展，村民的人均年收入逐步上升，从2015年的6500元，上升到2019年的13800元，本村旅游业从业人数也从170人上升到195人（见图6-8）。

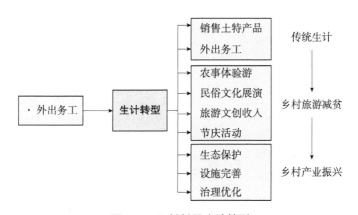

图6-7　C村村民生计转型

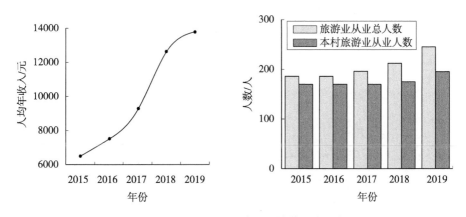

图6-8　C村村民人均年收入和旅游业从业人数

（2）立足区位优势，突出资源禀赋，促进文旅发展。

从 C 村的乡村旅游发展与可持续生计行动者网络来看（见图 6-9），C 村区位优势明显，不仅地处武陵源风景名胜区的北入口，还与天子山景区相邻。

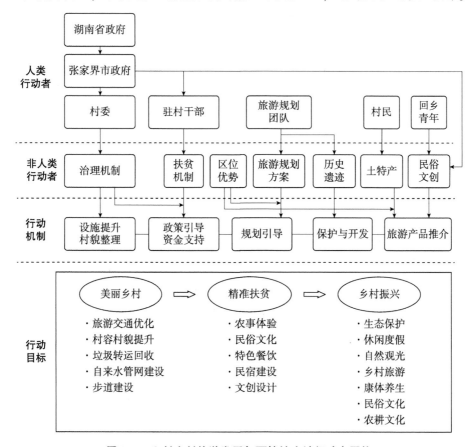

图 6-9　C 村乡村旅游发展与可持续生计行动者网络

C 村行动者网络主要包括五个方面的内容：一是建设旅游基础设施，提升村容村貌，随着武陵源景区的不断扩容提质，C 村在建设具有民族特色的旅游集镇方面不断取得了新的成果，旅游服务设施得到了较大程度的改善；二是国家帮扶政策的引导以及资金支持，村民通过发展农事体验游、保护民俗文化、提供特色餐饮和建设民宿等取得了较高的经济收益；三是规划引导，立足于自身的区位优势，通过制定旅游规划，对乡村的旅游资源进行整合和引导，提升乡村旅游品质；四是旅游规划团队对历史遗迹进行修复和完善；五是回乡青年积极创业，村委会为返乡创业青年提供政策支持，营造了良好的创业环境。此外，旅游推介也是重要的行动机制之一，村委会积极推动使用网络营销的方法和工具，通过智慧营销让乡村旅游业从业者掌握网络营销的方法，推进乡村营销体系建设，加强互联网营销，促进乡村电子商务发展，形成本地化的乡村旅游品牌。

6.3.4 D村——服务景区，强化生计资本

（1）村民生计结构转变。

D村位于张家界市慈利县，距离张家界大峡谷、黄龙洞和宝峰湖等著名景区较近。从村民的生计结构来看，2010年以前，村民主要生计来源为农业种植和养殖，以及青年劳动力外出务工等。2015年以来，在张家界市政府的帮扶下，借助秀美的山水资源、深厚的土家族文化、独特的民俗风情，D村实施了脱贫攻坚计划和乡村旅游产业发展规划。同时，通过乡村环境的提质改造，修建旅游通道、步行游道、水利设施和特色民居等极大地改善了村容村貌。村民的生计结构逐步丰富（见图6-10），除传统的农业种植养殖和外出务工的收入外，通过土地流转、项目分红、参与旅游服务等，村民收入得到了提高（见图6-11），通过经营果园和销售农副产品，乡村经济得到了较大程度的改善。

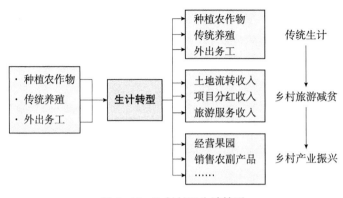

图 6-10　D 村村民生计转型

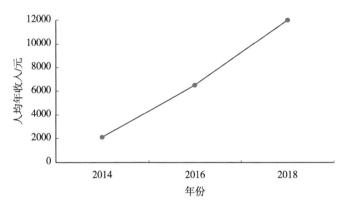

图 6-11　D 村人均年收入

（2）政府引领，筑巢引凤，社会资本驱动乡村振兴。

D 村乡村旅游发展与可持续生计行动者网络的最大特点是政府引领和社会资本的大力介入，其强制通行点是乡村旅游的发展，最终驱动整个网络向乡村振兴的方向演化（见图 6-12）。

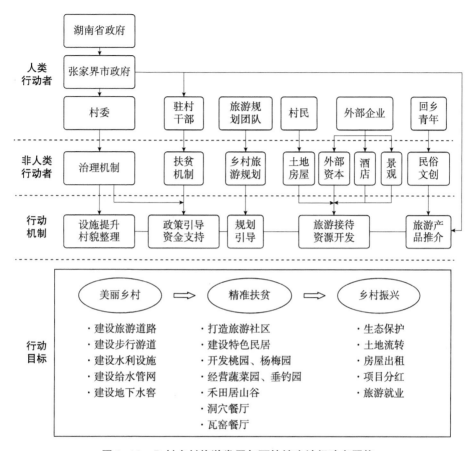

图6-12　D村乡村旅游发展与可持续生计行动者网络

　　D村充分发挥政府引导和社会资本驱动的作用，带动乡村环境提质升级和乡村旅游品质跨越，进而实现乡村发展。充分发挥规划的引领作用，通过脱贫攻坚和乡村旅游规划指引，极大地改善了村庄的基础设施情况；通过土地流转和房屋出租等方式带动了村民增收，通过打造高品质民宿和酒店吸引游客；通过举办网络直播等推介会提升村庄的知名度，促进了乡村旅游业发展和村民生计结构优化。

6.3.5 E村——大力招商，金融资本促进产业发展

（1）村民生计结构转变。

E村整体的自然资源条件有限，水资源缺乏，在发展乡村旅游和精准扶贫之前，村民的生计来源十分单一，主要依靠农作物种植和牲畜养殖，外出务工人员以中青年劳动力为主。在引入社会资本后，乡村产业结构逐渐多样化，村民生计也逐步多元化（见图6-13），部分青年劳动力回乡创业，同时成立建筑劳务公司，为村民提供了就业岗位。成立村企合作社，基于E村的气候资源，开展莓茶的种植加工和腊肉、香肠、豆腐、血豆腐、葛根粉等农产品的深加工，提高了农产品附加值，实现了村民增收。村民的生计来源得到了极大的优化，除传统的农业活动收入外，还通过乡村旅游服务业、农事体验、民俗展演、花卉种植、农副产品加工等实现了生计结构的多样化。

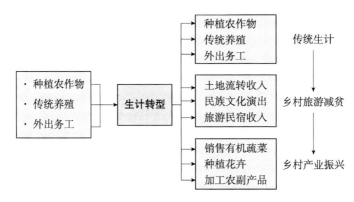

图6-13　E村村民生计转型

（2）干部领头，招商引资，全域旅游促振兴。

E村模式的最大特点在于其村干部通过大力引入外部资本发展本地产业，共同的强制通行点是促进资源升级、旅游品质升级、基础设施升级，全面推

动村庄的快速发展。E 村的发展模式是政府引领和社会资本共同发力，行动者网络中的主要行动者是村干部，他们通过大力引入社会资本，推动了乡村旅游发展和乡村环境优化，同时建立多元化的产业体系，农业合作社、养殖种植合作社和建筑劳务公司等多面开花，共同推动了乡村产业结构升级和村民增收，实现生计可持续发展（见图 6-14）。

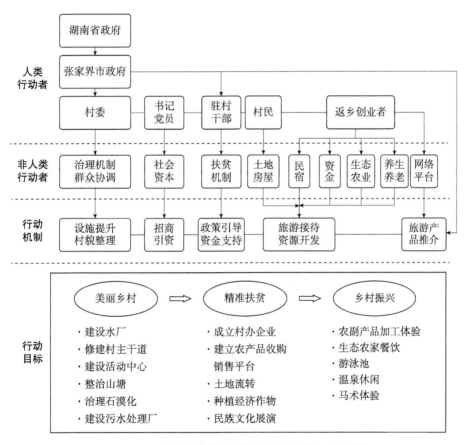

图 6-14　E 村乡村旅游发展与可持续生计行动者网络

6.4　本章小结

本章采用行动者网络分析框架，通过选取张家界地区乡村旅游发展重点村作为案例村，探究了乡村旅游发展过程中不同案例村村民的生计转型，同时对不同乡村旅游发展与可持续生计行动者网络进行了分析。

从各案例村村民生计转型来看，在未大力发展乡村旅游以前，村民的生计来源主要有两种途径：对于自然资本不充足的乡村，村民一般依靠外出务工获取经济收入；对于区位条件较好、自然资本充裕的乡村，村民的生计来源首选农作物种植或者牲畜养殖等传统生计手段。在乡村旅游发展与可持续生计行动者网络逐步形成后，乡村人口外流的情况逐步减少，村民的生计来源也随之丰富起来，从传统的农业种植转向农事体验服务、农产品深加工、农产品交易；同时，随着乡村旅游业的发展，村民通过乡村民宿建设和经营等获取多元化的收入。此外，乡村旅游业的发展带动了乡村其他产业向纵深发展和向外融合，外部社会资本也逐步进入乡村。同时，旅游业的高质量发展还得益于乡村生计资本的增加与生计策略的优化。

从案例村的乡村旅游发展模式来看，不同的村庄其自然禀赋和环境背景不同，所采取的发展模式也存在差异。坚持自立自强和共享发展是乡村旅游与可持续生计协同的重要价值理念，采取扶贫和扶志相结合的举措，激发低收入村民自身的发展意志，形成强大的内生动力。共享发展的理念强调借助外部力量，借助发达地区的资金和管理技术，通过外部技术的引入，提升本地的管理能力，形成强势发展的格局。同时，各级政府组成的驻村干部发挥了积极作用，通过上传下达，协调各方利益，引进了社会资本，改善了乡村旅游有限的社会网络，提升了乡村振兴主体参与到市场的积极性，丰富了村民的生计来源，强化了生计的可持续性，最终形成了乡村旅游与可持续生计的协同发展。

第 **7** 章　乡村旅游与可持续生计协同发展机制及对策建议

乡村旅游发展可以促进农户生计的可持续性，同时，农户可持续生计的发展会提高其可支配收入，刺激消费，增加旅游产业发展投入，形成反馈闭环，最终促进乡村旅游的整体发展。可持续生计资本与乡村旅游的多元化功能发展之间存在较高的契合度，乡村旅游与可持续生计的协同发展对于挖掘乡村文化、保护乡村自然资源、提升居民生计韧性有着重要意义。我国的乡村旅游发展特别是乡村旅游增收是在政府领导下多行动者共同推动的，政府引领下的乡村旅游增收战略在很大程度上激活了经济欠发达地区潜在的生产要素。同时，顶层设计和一揽子政策提升了市场的益贫性；驻村干部的支持极大地改善了乡村旅游地的社会资本，激发了旅游地农户的发展积极性，最终形成了乡村旅游与可持续生计协同发展的良好局面。乡村旅游在我国宏观政策和市场需求的引领下，发展空间巨大，可对乡村振兴和可持续发展提供重要支撑。根据前述章节的定量、定性分析和案例剖析结果，本章首先对乡村旅游与可持续生计协同发展的机制进行剖析；其次分别从发展措施、协同释放机制和保障机制等方面提出对策建议。

7.1 乡村旅游与可持续生计协同发展机制分析

乡村旅游是促进农户可持续生计发展的重要途径，农户生计的可持续也会反作用于乡村旅游发展，实现乡村旅游与可持续生计的协同（见图7-1）。我国的减贫和乡村振兴事业的发展是在政府、驻村干部、社会资本和乡村旅游地农户等多行动者共同推动下发展的。在多行动者共同推动下，益贫市场会改善农户的生计水平，同时乡村旅游产业具有较大的就业潜力，吸引青壮年劳动力回流，优化乡村旅游地的人力资本结构。乡村旅游的发展在很大程度上促进了农户可持续生计的发展：一方面，政府乡村旅游政策极大地改善了乡村原有基层治理的社会网络，改善了乡村发展的社会资本，同时乡村发展的金融资本也得到了保障；另一方面，乡村旅游业的发展改善了乡村的自

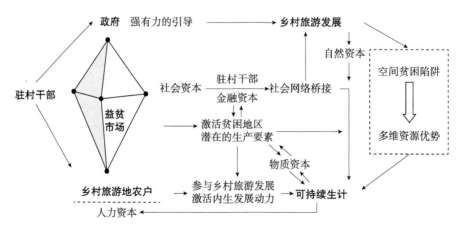

图7-1 乡村旅游与可持续生计协同的内在机制

然风貌，保护村容村貌和生态环境的理念逐步深入人心，乡村自然资本得到改善，而自然资本的优化又强化了乡村旅游产品的吸引力，形成了良性互动发展。

政府通过对初次分配和再分配的调控，创造性地拓展了益贫市场机制，而乡村旅游的发展将经济欠发达地区的空间贫困陷阱转变为多维资源优势，客观上促进了乡村旅游地农户可持续生计的发展。益贫市场的建设和推进，进一步激活了低收入地区潜在的生产要素，通过引入金融资本，保护和开发自然资源，直接推动了乡村旅游发展品质的提升，丰富了农户生计来源，降低了农户生计的脆弱性。

(1) 多行动者共同发力促进乡村旅游与可持续生计的协同。

乡村旅游与可持续生计的协同发展是有利于乡村旅游增收效应发挥的机制。其核心机制的要义是：聚焦共同富裕的目标，依托政府引领和精准实施的举措，使政府、市场和社会等多元行动者协同发力，解放经济欠发达地区的生产力，让旅游地农户不仅成为利益分配的受益者，同时成为可持续生计的实质贡献者，最终实现乡村旅游地人—地—业系统更加均衡、公平的发展。在旅游减贫的实践中，各级政府创造性地拓展了可持续生计理论，突出了政府和政策这一"看得见的手"在区域发展的赋能作用，优化了乡村旅游减贫行动者网络向乡村振兴网络的转变，对益贫市场进行合理优化，提升了各行动者主体目标的一致性，各行动者主体的行动形成有机组合，共同促进了乡村旅游与可持续生计的协同优化发展。

(2) 乡村旅游激活了低收入地区潜在的生产要素。

在旅游帮扶政策的引领下，乡村旅游市场机制交易的藩篱被打破，交易环节变得更加顺畅，交易成本也持续降低，激发了乡村旅游地潜在生产要素的产生，也激发了乡村旅游地农户的交易动力和活力，为释放乡村旅游的生产力创造了良好的条件。乡村旅游在一定程度上变"包袱"为发展潜力,将旅游地的自然资源、人力资源作为实现突破市场藩篱的动力源,依托自身的有利条件实现了可持续发展。此外,各级政府组织了多种类的职业培训和技能培训,帮助低收入人口实现增收。

乡村旅游资源丰富的地区通过改善基础设施条件、革新技术等,提高了其对于外部市场和资本的吸引力,具备了更好地融入全国大市场的能力和条件,提高了本地区的生产力水平。随着乡村旅游的本地化发展,低收入人口参与市场活动的深度和广度大大提升,增收能力得到全面提升,增收渠道也逐步丰富。随着农户收入的增加,其消费能力和需求也逐步提高,映射到益贫市场中,促进了全社会的生产和交换,进而促进了经济大循环。

(3) 社会资本是推进乡村旅游与可持续生计协同的深层活水。

持续的精准帮扶实践表明社会资本是政府引领之外的重要力量之一。在帮扶和乡村振兴的过程中,各类主体缺一不可,如果没有政府的强大社会动员能力,低收入人口的增收就缺乏外部环境的支持。从案例村的实践来看,社会各界对于乡村旅游的支持是推进乡村旅游与本地农户生计可持续发展的重要动力之一,构建了有助于低收入人口增收的友爱型社会,在很大程度上助推了乡村基础设施改善和产业设施发展,反映了社会力量和社会资本在促进乡村旅游与可持续生计协同发展中的重要作用。从调研结果可知,外部社会网络的桥接在很大程度上强化了外部社会资本的引入,为提升本地社会资本注入了活力。

社会资本的桥接还体现在各级政府工作人员持续参与一线治理与乡村发展。驻村干部团队在很大程度上弥补了低收入地区因智力资源流失造成的发展劣势。驻村干部是基层扶贫和乡村振兴工作的领导者、协调者、动员者和监督者。一方面,他们承担起基层扶贫工作的责任;另一方面,驻村干部的入驻提升了乡村的社会资本,促进了相对封闭的乡村与外界的联系。

(4) 推进自主发展是提升乡村旅游与可持续生计协同的重要动力。

精准帮扶和乡村振兴最重要的主体是低收入人口。提升经济欠发达地区整体的比较优势，最重要的手段就是提升劳动者的素质和生产资料的质量。故而在乡村旅游减贫和乡村振兴的过程中，提升劳动者的素质是整个系统中最核心和最活跃的要素，这也是促进人口自主发展的基础。

激发农户的主体性作用，就是从内因出发，激活其内生发展动力。政府通过定期组织各种职业技能培训和致富能手引领，挖掘农户的发展潜力，让乡村旅游地的农户从单一的农业生计来源向多元化的生计结构转变，生计的可持续性显著提升，同时促进了其市场可进入性。乡村旅游发展带动了村民回乡自主创业，参与文化展演，乡村主体的积极性逐步提升。此外，针对劳动能力缺失的发展主体，通过社会保障和社会保险等多元手段进行"政策兜底"，为残障群体提供新技术培训，带动弱势群体参与到市场和发展的进程中。

7.2 推动乡村旅游与可持续生计协同发展

7.2.1 夯实乡村旅游资源环境

(1) 改善基础设施，提高乡村旅游可进入性。

社会生产力的发展是旅游业健康发展的基础，可为乡村旅游提供必要的物质基础，进而形成并提升旅游综合接待能力。随着新农村、美丽乡村等建设工作的不断深入，张家界地区积极推进清洁能源，不断促进农村社会公共事业发展，提高广大农户的生产条件和生活条件，改善农村的整体面貌；加强村内及周边县区水泥路（或柏油路）的建设，大力普及固定电话或移动电话的安装及使用，积极发展网络技术，提升 Wi-Fi 使用率，改善区域水、电、公路、通信、住宿、卫生等基础设施，为乡村旅游发展提供良好的物质基础，提高乡村旅游可进入性及其接待能力。

（2）改善人居环境，提升乡村旅游吸引力。

旅游地的生态环境和基础设施会直接影响旅游需求。着力绿化、美化环境，在农村道路扩建过程中，在道路两旁种植灌木或草本植物等，加强公共休闲场所的绿化，为乡村旅游可持续发展建立绿色美好的生态条件。

（3）改善土地利用方式，促进乡村旅游发展。

乡村旅游相较于传统农业，其土地利用方式更加多样化，也更为有效。从传统农业角度出发，土地的利用方式以农作物种植为主，农户收入主要来源于农作物种植，土地利用方式较为单一。从乡村旅游业角度出发，乡村旅游的发展主要依靠生态环境、乡村风貌、传统文化、农业生产等乡村资源，是一种有效的土地综合利用方式，除了种植业所带来的收益，农户还可获得由农作物景观、特色农产品、农家习俗等旅游消费品所带来的经济效益。农户由传统农业劳作模式向现代化生产模式转化，产业结构得以调整和升级，乡村旅游的发展道路有所拓宽。

（4）推广当地特色传统文化，发展旅游地的民俗文化体验。

随着社会经济快速发展，越来越多的游客对旅游的需求不仅停留在自然风光的观光上，还更注重乡村所特有的民俗文化体验。张家界依据其丰富的乡村旅游资源，发展极具地域特色的乡村旅游产业，有利于吸引游客，扩大规模效应。同时，促使农户认识到乡村民俗文化所带来的经济效益，提高农户保护传统文化的积极性，促进乡风文明建设。

7.2.2 建立农户可持续生计策略

（1）深化经营投资管理。

针对农户资金不足、乡村旅游投资不到位、资金周转困难等问题，可以通过乡村贷款、旅游帮扶基金、农业扶持资金、城镇建设资金、财政转移支付等，对从事乡村旅游服务的农户给予补贴和支持，提高银行或其他金融机构对从事乡村旅游的企业及农户的贷款额度或降低贷款利率，引导社会资本投资与乡村旅游相关的行业。同时，发挥各类合作社的作用，深化各类型农户合作，通过农村集体经济合作、农村集体经营性组织等，支持农村土地或房产资源向乡村旅游流转，解决乡村旅游经营融资困难等难题，并有效开展规模化经营，合作帮扶、共同提升。

（2）加强培训学习，提升人力资本。

农村地区面临着人力资本严重缺失问题。一方面，经济欠发达地区的大部分青壮年外出打工，留守农户的文化素养和职业技能无法满足乡村旅游发展的需求。因此，应吸引外出务工的劳动力返乡，从事乡村旅游发展，并带动地区的旅游发展。另一方面，乡村旅游在当地的精准投入因农户受教育水平较低而受到限制，阻碍了乡村旅游的可持续发展。因此，应加强农户的短期培训学习，通过集中培训或互联网培训等方式，提升农户从事乡村旅游的经营能力，并挖掘当地的特色旅游文化，弥补人力资本缺乏的劣势。同时，提升旅游业从业人员的综合素质，为从事乡村旅游的农户提供有针对性的专业培训，提高乡村旅游的内生动力。

（3）协调外部资源，提升社会资本。

乡村旅游发展过程中普遍存在主体经营者小而散，以及主体经营者之间缺乏合作和交流等问题，而农户与外界地区联系不足将引起社会资本缺乏。一方面，当地政府及相关旅游机构应发挥积极导向作用，通过网络或社会资源对外搭建接洽平台，帮助农户加强文化建设、品牌建设及农副产品的推广，吸引愿意加入乡村旅游建设的组织或个人。另一方面，各村镇应发挥程序规则制定、政策宣传与实施等作用，规范农村合作组织和农户个体参与乡村旅游发展的机制，并建立相关的乡村旅游合作组织，增强其凝聚力，促进乡村旅游发展，积极引导农户实现生计结构转型。

（4）推进生态体验，凸显自然资本。

独特的乡村传统文化、生态环境、旅游资源是乡村旅游发展的基础，也是农户将乡村旅游作为生计策略的重要的自然资本。随着物质条件的日益提高，来自大城市的游客更愿意体验乡村独有的田园风光，乡村可充分利用其先天的自然优势，保存农村房舍原有面貌，改建为民宿，并开发乡村化的旅游体验产品，如耕种土地、采摘野果、垂钓、修剪果树等，让游客体验多样化的田园生活。

7.2.3 可持续生计完善与乡村旅游发展规划同步

乡村旅游作为重要的生计手段，包含在可持续生计规划中。但农村生计主要以农业为主，其产业关联性不强，对经济欠发达地区的辐射带动能力不足，因此需要与乡村旅游发展规划步调一致，从而有效发挥乡村旅游的辐射带动效应，加快推动可持续生计的实施。推进乡村旅游与互联网相结合，通过互联网突破时间和空间的界限，强化人力资本、社会资本、金融资本等的互补与调节作用，加快推进乡村旅游与可持续生计的协同发展。

此外，发挥乡村旅游资源整合效应，促进农户生计转型。支持乡村旅游企业等主体对旅游资源进行共同整合，利用互联网和物联网等技术发展"精、特、廉"旅游产品，从而使农户生计实现提质转型，充分发挥乡村旅游在提升农户生计可持续性中的作用。一方面，乡村旅游作为连接农村生产与消费的纽带，增加了农户与游客的接触，在一定程度上拓宽了农户的视野。乡村旅游与其他产业有较强的关联性，且属于劳动密集型产业，为农户提供了大量的就业岗位，吸纳了大量农村剩余劳动力。将这部分劳动力从农业生产或外出务工中释放出来，转向旅游服务、接待、交通运输等岗位。另一方面，旅游发展需要各行各业的相互配合，乡村旅游的发展可以促进相邻农户间的交流合作，融洽农村邻里关系。乡村旅游发展促进了区域经济的增长和农户生活水平的提高，不断扩大的消费需求使资金流向农村，从而促进了农村的基础设施以及教育、医疗、养老等公共服务能力进一步完善，进而在外部环境上为农户可持续生计发展提供坚实的保障。

7.3　健全乡村旅游与可持续生计协同效应释放机制

7.3.1　明确发展重点

乡村旅游与可持续生计的发展和完善是促进乡村振兴的有力支撑，把握乡村振兴战略实施机遇，发挥战略协同效应，促进县区内部区域协调发展，完善协同释放机制，助力乡村可持续发展。把握湖南省加快区域经济一体化发展契机和打造旅游强省契机，对接乡村振兴等要求，张家界地区应充分利用政府部门提供的相关政策优势，加快乡村旅游发展与可持续生计融合。

7.3.2　增强区域关联性

乡村旅游关联性强，鼓励综合性产业延伸产业链。从产业协同角度出发，分工协同、资本协同和创新协同是不同产业协同发展的主要内容。其中，分工协同主要凭借产业链上不同企业或机构间的相互配合；资本协同主要依靠不同企业间通过不同方式提升资本总存量，弥补产业发展中存在的资本缺乏问题；创新协同主要是指打破各企业创新主体间存在的隔阂，实现信息、技术、人才等要素的深度融合与合作。规模经济可以有效降低共享信息、资源及运营的成本，因此可重点培养相关产业的龙头企业，完善企业内部、企业之间的合作。除此之外，在产业链延伸的过程中，各类电子商务、产品加工等产业都会有一定的增值效应，从而刺激经济增长，带动产业调整及升级，为农户提供更多的就业岗位。单从乡村旅游与农户生计的角度出发，可将生产、加工、销售与观光体验相结合，形成循环产业模式。

对农业技术进行改良，同时对配套产业进行同步跟进发展，进一步完善张家界供水供电、垃圾处理、排洪防涝、交通设施等方面的建设，加速乡村旅游发展，以及农户生计转型升级。从张家界旅游资源布局来看，其总体特征表现为资源数量、开发力度等存在县区差异性，分布不平衡，针对该问题，应加大对张家界旅游资源的开发和利用，同时避免与其他县区景点的同质性，加强相关景区之间的关联，实现地区市场共享和利益共赢。

7.3.3　优化乡村旅游发展模式

发展农户主导与政府引导的乡村旅游模式。农村经济发展的核心主体是农户，若当地农户无法参与到乡村旅游发展过程中，则乡村旅游无法实现可持续发展。因此，在乡村旅游发展过程中，应让农户主导，提高其参与当地乡村旅游相关项目的积极性，促进农户生计适应及转型升级，进而助推乡村旅游发展的持续稳定的内生力量，达到可持续发展的目的。在乡村旅游发展过程中，政府可颁布并实施相对灵活的协调性政策加以引导，通过金融服务、税收等优惠政策鼓励乡村旅游的发展，注重乡村基础设施、土地利用、交通设施、通信网络的建设和完善，优化乡村旅游发展的基础设施和政策环境。

发展多样化的旅游模式。"政府+企业+农村"的旅游发展模式能够提升农户的金融资本、社会资本和人力资本，对促进农户增收和实现生计可持续性具有显著作用。农村协会、合作社等集体组织可吸纳农户，让农户参与乡村旅游，共享旅游业所带来的收益，早日实现共同富裕。各企业在乡村旅游项目和旅游市场开发及经营方面占有重要位置，应结合旅游可持续减贫理论与经济发展背景选择乡村旅游模式，考虑在乡村旅游发展过程中各利益主体的收益，寻求多样化的旅游可持续发展模式。

7.4 完善乡村旅游与可持续生计协同保障机制

7.4.1 优化资金投入机制

有效的资金投入才能保障乡村旅游的可持续发展和可持续生计的完善。根据本研究可知，张家界地区需要通过政策引导和政府扶持建立并优化多渠道和多体系的资金投入机制。具体而言，可以通过如下六个方面来优化资金投入机制。

第一，政府可以通过发行地方债务或财政支出的方式直接投资，以发展张家界特色旅游为基础，以支持特色农产品产业及旅游相关产业发展为重点，给予资金支持，在得到一定发展后扩大连带效应，推动整体产业的初步规模化。

第二，可以利用初步规模化的效应，带动其他投资主体的进入，包括地方企业、个人投资者，地方企业可以利用当地的人力资源优势进行规模扩大，利用自有资金对乡村旅游进行投资。同时吸引农户参与乡村旅游服务，引导他们获得其他方面的资金支持，进一步提升乡村旅游的规模化。

第三，利用资金信贷的方式，为农户提供低息贷款或小额无息贷款等，将其纳入乡村旅游发展的主体。

第四，引导、鼓励社会资本参与张家界乡村旅游发展，与旅游企业或农户建立联合机制，发展乡村旅游产业，带动可持续生计的发展，并完善收益分享机制。

第五，专项资金融资渠道创新，应完善地方金融体系和政策，降低外部资金进入阻力，吸引更多资金投入乡村旅游中，为当地旅游业发展提供有力的资金支持。鼓励根据实际情况调整贷款规模，积极推动金融机构加大对农村地区的信贷投放，为乡村旅游发展提供丰富的财政支持。

第六，改善当地税收政策，依据当地情况对旅游相关企业提供税收优惠政策，激发旅游相关企业投资基础设施和环保项目的积极性，吸引更多的企业进入，在促进企业发展的同时，扩大农户就业空间，增加农户收入。

7.4.2 强化农户能力提升机制

在乡村旅游与可持续生计协同发展的过程中，农户自身的能力提升可以加速协同成果的达成。农户自身能力的提升需要相应的机制保障，具体的机制保障如下。

第一，建立乡村旅游基础培训制度。发展乡村旅游业需要比较完善的科学体系，让农户掌握这些基本的知识和技术需要有政策的支持。组建发展乡村旅游的培训机构，为农户的学习技术提供硬件支持。

第二，鼓励农户个人提升。农户个人的提升意愿是实现农户提升的关键，除了能够改善农户的经济状况，农户个人提升所带来的其他满足感和幸福感也是鼓励农户提升的有效手段。树立榜样，典型示范力量具有比较明显的带动提升效应。

第三，建立农户乡村旅游互助制度。农户提升能力具有加和效应，建立相互信任、相互帮扶的制度，有助于共同利益联盟的建立，从而提升农户社会关系网络的韧性。

7.5　本章小结

本章基于乡村旅游与可持续生计协同发展的模式设计及内在机制，提出夯实乡村旅游资源环境、建立农户可持续生计策略以推动乡村旅游与可持续生计协同发展，明确发展重点、增强区域关联、优化乡村旅游发展模式，研究如何完善乡村旅游发展与可持续生计完善的协同效应释放机制，进而优化资金投入机制、强化农户能力提升机制以健全协同保障机制，为有效推进乡村振兴战略提供参考依据。

坚持合力攻坚是乡村旅游与可持续生计协同发展的制度保障，可以促进乡村旅游发展与可持续生计的共同耦合协同发展。从我国发展乡村旅游提升生计资本的实践和案例地调研情况来看，政府、社会资本、驻村干部和乡村旅游地农户等多主体共同发力促进乡村旅游与可持续生计的协同发展，可以在很大程度上将该区域的空间贫困陷阱转变为资源优势，提升了各主体的积极性。

第 **8** 章

研究结论与研究展望

8.1 主要结论

本书在科学界定乡村旅游、可持续生计等概念的基础上，引入区域发展理论、行动者网络理论、协同发展等经典理论，揭示并系统阐述乡村旅游发展与可持续生计发展协同的内在机制。首先，建立乡村旅游发展与可持续生计协同评价指标体系，借助变异系数法和协同度模型定量测度两者协同发展水平；其次，基于经济距离权重矩阵进行空间自相关检验，建立空间杜宾模型分析两者协同的空间溢出效应，并通过空间偏微分方法分解协同发展的空间效应；最后，通过田野调查，分析了张家界地区五个典型乡村旅游案例地的发展模式，归纳和提炼出乡村旅游与可持续生计协同发展机制，得到以下主要结论。

（1）乡村旅游与可持续生计协同水平总体呈上升趋势，县区之间差异明显且存在扩大倾向。

从整体来看，2005—2020 年的研究对象地区乡村旅游与可持续生计的耦合协调度水平呈现持续上升趋势。从局部来看，张家界地区的乡村旅游发展水平在初期呈现"东部高西部低"的特点，中期西部的发展速度略快于东南部，最终各区县都基本实现了优质协调发展。

（2）乡村旅游与可持续生计协同发展对农户增收具有显著的正向促进作用。

以农户人均可支配收入为因变量、以乡村旅游与可持续生计协同水平为自变量，建立面板计量模型，从时间维度和空间维度出发，分析了两者协同发展对农户增收的内在作用。研究结果发现，乡村旅游与可持续生计协同发展对增加农户收入具有显著的正向促进作用；随着旅游帮扶、乡村振兴等战略的实施与推进，两者协同发展的促进作用日益凸显。从空间维度来看，乡村旅游与可持续生计协同发展效应则存在一定的区域差异性，在不同区县的表现效果有所不同。

（3）乡村旅游与可持续生计协同发展的空间溢出效应较为显著。

在乡村旅游与可持续生计协同水平及农户人均可支配收入的空间自相关检验的基础上，基于经济距离权重矩阵建立空间计量模型，并运用 LM 检验和 LR 检验选择空间杜宾模型进行分析，发现乡村旅游与可持续生计协同水平对农户增收具有显著的正向溢出效应。

（4）因地制宜地采取可持续生计转型策略，实现乡村旅游与可持续生计协同发展。

通过田野调查和行动者网络分析方法，选取不同发展类型的村庄进行案例分析和比较研究，发现乡村旅游发展模式存在显著差异，农户生计来源具有多样化特征。乡村旅游一方面提供了直接的旅游服务就业岗位，另一方面也助推了乡村民俗文化的传承和开发，带动了村民生计来源的多元化和可持续发展。同时，乡村文化振兴的驱动力在于乡村内部，通过挖掘乡村历史和少数民族传统文化，增加游客的参与度，可以为乡村旅游发展提供源源不断的内生活力。此外，行动者网络分析结果显示，致富能手等社会资本对于乡村旅游发展与可持续生计协同起着重要作用，他们往往能够将外部社会网络与乡村相对封闭的社会网络进行桥接，进而加快了本地乡村旅游资源的开发和外部市场的拓展。

8.2 不足与展望

本书聚焦武陵山区,以乡村旅游与可持续生计协同发展对区域发展的影响为拟解决的科学问题,从宏观区域尺度的生计资本和微观村域尺度的农户生计转型发展出发,定量分析乡村旅游与可持续生计的协同效应及其特征,以案例分析方式剖析不同乡村旅游发展模式下农户的生计结构转型及其与乡村发展的内在关系,在实践调研的基础上提炼乡村旅游与可持续生计协同发展的内在机制,为资源丰富地区的乡村旅游与可持续发展定位提供新的理论视角。然而,乡村旅游发展与可持续生计协同是一个复杂的、动态的系统,本书在以下方面有待进一步探究和突破。

(1)理论机制有待进一步深入。

本书基于区域发展理论、行动者网络理论、协同发展理论等相关理论,从乡村旅游对可持续生计的作用机理、可持续生计推动乡村旅游发展的作用机理两个方面阐述乡村旅游与可持续生计互动机理,但该机理以概念模型为主,缺乏由经典模型引发的数理推导。在研究测度方面,本书主要从收入视角切入,缺乏动态性、多维性思考,这是未来可以进一步深入探讨的方向。

(2)研究区域有待进一步拓展。

受时间、人力等的限制,本书仅针对武陵山区展开了探讨与实地调研,未能对全国更多的自然资源和人文资源富集的地区进行深入研究。尽管武陵山区既是乡村旅游发展的样本，又是旅游增收的典型，研究区域具有代表性，但就"协同效应存在明显区域差异性"这一结论的讨论还可使研究区域进一步扩大，提炼和总结乡村旅游与可持续生计协同发展的常规化路径，进一步提高乡村旅游与可持续生计协同发展促进乡村发展的实践性。

（3）研究内容有待进一步丰富。

乡村旅游驱动的乡村振兴具有巨大的发展空间，在这种自上而下的导向下，低收入地区可能出现开发和保护的权衡问题；作为乡村旅游发展的主体，如何保障农户的权益，实现本地化和谐发展，也是本研究未来推进的主要方向。

参考文献

［1］曹芳东，黄震方，余凤龙，等. 国家级风景名胜区旅游效率空间格局动态演化及其驱动机制［J］. 地理研究，2014，33（6）：1151-1166.

［2］陈超群，罗芬. 乡村旅游地脱贫居民返贫风险综合模糊评判研究：基于可持续生计资本的视角［J］. 中南林业科技大学学报（社会科学版），2018，12（5）：100-104，112.

［3］陈佳，张丽琼，杨新军，等. 乡村旅游开发对农户生计和社区旅游效应的影响：旅游开发模式视角的案例实证［J］. 地理研究，2017，9（36）：1709-1724.

［4］程兴亚. 智慧旅游理念下乡村旅游信息化发展研究［J］. 农业研究，2019（4）：44-45.

［5］崔晓明，陈佳，杨新军. 乡村旅游影响下的农户可持续生计研究：以秦巴山区安康市为例［J］. 山地学报，2017，35（1）：85-94.

［6］崔晓明. 可持续生计视角下秦巴山区旅游地社会生态系统脆弱性评价［J］. 统计与信息论坛，2018，33（9）：44-50.

［7］单福彬，邱业明. 供给侧结构性改革下休闲农业产业化的新模式分析［J］. 北方园艺，2019（7）：166-170.

［8］丁慧敏，马奔，雷硕，等. 可持续生计理论下的社区生态旅游参与分析：以秦岭地区为例［J］. 林业经济，2019（5）：89-95.

［9］丁建军，冷志明，于正东，等. 经济多样性的减贫效应：基于美国阿巴拉契亚地区的经验［J］. 中国工业经济，2016（6）：39-56.

［10］董政. 公共支出视阈下的河南省减贫效应分析［D］. 开封：河南大

学，2014.

[11] 方世敏，王海艳. 基于系统论的农业与旅游产业融合：一种粘性的观点 [J]. 经济地理，2018，38（12）：211-218.

[12] 冯姣，陈勇，周立华，等. 基于可持续生计分析框架的贫困农户脆弱性研究：以甘肃省岷县坪上村为例 [J]. 中国生态农业学报，2018，26（11）：1752-1762.

[13] 高婕. 民族地区乡村旅游社区参与实践及其反思：以黔东南苗寨侗寨为例 [J]. 广西民族大学学报（哲学社会科学版），2015，37（6）：134-140.

[14] 郭华，杨玉香. 可持续乡村旅游生计研究综述 [J]. 旅游学刊，2020，35（9）：134-148.

[15] 郭焕成，韩非. 中国乡村旅游发展综述 [J]. 地理科学进展，2010，29（12）：1597-1605.

[16] 何格，胡艳梅. 景区县乡村旅游可持续发展评价：以四川长宁为例 [J]. 中国农业资源与区划，2012，33（6）：85-90.

[17] 何景明. 国外乡村旅游研究述评 [J]. 旅游学刊，2003，18（1）：76-80.

[18] 何仁伟，刘邵权，刘运伟，等. 典型山区农户生计资本评价及其空间格局：以四川省凉山彝族自治州为例 [J]. 山地学报，2014，32（6）：641-651.

[19] 何焱洲，王成. 基于信息熵的乡村生产空间系统演化及其可持续发展能力 [J]. 自然资源学报，2019，34（4）：815-828.

[20] 胡敏. 丹寨县工业化进程中失地农民可持续生计问题研究 [D]. 贵阳：贵州大学，2015.

[21] 胡宪洋，花菲菲. 西安典型旅游村落的景观特质：以上王村和家佛堂村为例的网络结构分析 [J]. 干旱区资源与环境，2020（2）：202-208.

[22] 黄木易，岳文泽，何翔. 长江经济带城市扩张与经济增长脱钩关系及其空间异质性 [J]. 自然资源学报，2018，33（2）：219-232.

[23] 黄震方，陆林，苏勤，等. 新型城镇化背景下的乡村旅游发展：理论反思与困境突破 [J]. 地理研究，2015，34（8）：1409-1421.

［24］ 江燕玲，潘卓，潘美含. 重庆市乡村旅游运营效率评价与空间战略分异研究［J］. 资源科学，2016，38（11）：2181-2191.

［25］ 姜玉辉. 乡村旅游发展模式选择的原则、影响因素及建议［J］. 旅游纵览（下半月），2015（3）：63-64.

［26］ 康璟瑶，章锦河，胡欢，等. 中国传统村落空间分布特征分析［J］. 地理科学进展，2016，35（7）：839-850.

［27］ 孔翔，吴栋，张纪娴. 社区参与模式下的传统村落旅游空间生产及影响初探：基于苏州东山陆巷古村的调研［J］. 世界地理研究，2019（6）：156-165.

［28］ 孔旭红，于洪波. 旅游扶贫视角下"三空"地区可持续生计框架研究：以河北涞源县留家庄乡为例［J］. 河北农业大学学报（社会科学版），2019，21（2）：1-6.

［29］ 李保玉. 乡村振兴战略下乡村旅游发展的新路向［J］. 长春师范大学学报，2019，38（4）：110-115.

［30］ 李琛，石斌，刘利利. 白鹿原乡村文化旅游发展问题及对策分析［J］. 重庆第二师范学院学报，2019（32）：38-41.

［31］ 李飞，杨栋，王厚全. 农户可持续生计框架下的乡村旅游影响研究：以北京市大兴区梨花村为例［J］. 江苏农业科学，2012，40（8）：405-407.

［32］ 李凤梅. 张家界市乡村旅游可持续发展研究［D］. 吉首：吉首大学，2018.

［33］ 李兰冰. 中国区域协调发展的逻辑框架与理论解释［J］. 经济学动态，2020（1）：69-82.

［34］ 李如友，郭鲁芳. 旅游减贫效应之辩：一个文献综述［J］. 旅游学刊，2017，32（6）：28-37.

［35］ 李鑫，杨新军，陈佳，等. 基于农户生计的乡村能源消费模式研究：以陕南金丝峡乡村旅游地为例［J］. 自然资源学报，2015，30（3）：384-396.

［36］ 李志龙. 乡村振兴-乡村旅游系统耦合机制与协调发展研究：以湖南凤凰县为例［J］. 地理研究，2019，38（3）：643-654.

[37] 梁冰瑜, 彭华, 翁时秀. 旅游发展对乡村社区人际关系的影响研究: 以丹霞山为例 [J]. 人文地理, 2015 (1): 129-134.

[38] 刘玲, 舒伯阳, 马应心. 可持续生计分析框架在乡村旅游研究中的改进与应用 [J]. 东岳论丛, 2019 (12): 127-137.

[39] 刘卫柏, 于晓媛, 袁鹏举. 产业扶贫对民族地区贫困农户生计策略和收入水平的影响 [J]. 经济地理, 2019 (11): 175-182.

[40] 罗文斌, 唐沛, 孟贝, 等. 国外旅游可持续生计研究进展及启示 [J]. 中南林业科技大学学报 (社会科学版), 2019 (6): 93-100.

[41] 吕晨, 蓝修婷, 孙威. 地理探测器方法下北京市人口空间格局变化与自然因素的关系研究 [J]. 自然资源学报, 2017, 32 (8): 1385-1397.

[42] 麻学锋, 崔盼盼. 集中连片特困区城镇化对旅游产业成长响应的实证分析: 以大湘西为例 [J]. 中央民族大学学报 (哲学社会科学版), 2018, 45 (1): 66-75.

[43] 麻学锋, 刘玉林, 谭佳欣. 旅游驱动的乡村振兴实践及发展路径: 以张家界市武陵源区为例 [J]. 地理科学, 2020, 40 (12): 2019-2026.

[44] 马彩虹, 袁倩颖, 文琦, 等. 乡村产业发展对农户生计的影响研究: 以宁夏红寺堡区为例 [J]. 地理科学进展, 2021, 40 (5): 784-797.

[45] 孟德友, 李小健, 陆玉麒, 等. 长江三角洲地区城市经济发展水平空间格局演变 [J]. 经济地理, 2014, 34 (2): 50-57.

[46] 聂铭, 杨光明, 王旭, 等. 旅游开发中 "点线带圈面" 空间形态发展的逻辑 [J]. 商业时代, 2015 (1): 119-122.

[47] 任国平, 刘黎明, 付永虎, 等. 基于 GWR 模型的都市城郊村域农户生计资本空间差异分析: 以上海市青浦区为例 [J]. 资源科学, 2016, 38 (8): 1594-1608.

[48] 时朋飞, 李星明, 熊元斌. 区域美丽中国建设与旅游业发展耦合关联性测度及前景预测: 以长江经济带 11 省市为例 [J]. 中国软科学, 2018 (2): 86-102.

［49］ 史玉丁，李建军. 乡村旅游多功能发展与农村可持续生计协同研究 ［J］.
旅游学刊，2018，33（2）：15-26.

［50］ 史玉丁，于浩淼. 可持续生计视阈下日本乡村旅游运作逻辑及其启示 ［J］.
世界农业，2017（6）：191-196.

［51］ 宋德义，李立华. 国外旅游减贫研究述评：基于经济学理论研究和旅游减
贫实践的视角 ［J］. 地理与地理信息科学，2014（3）：88-92.

［52］ 苏芳，徐中民，尚海洋. 可持续生计分析研究综述 ［J］. 地理科学进展，
2009，24（1）：61-69.

［53］ 苏飞，应蓉蓉，李博. 生计脆弱性研究热点与前沿的可视化 ［J］. 地理科
学，2016，36（7）：1073-1080.

［54］ 苏永伟，陈玉萍，丁士军. 失地农户可持续生计研究新进展 ［J］. 华中农
业大学学报（社会科学版），2015（6）：79-85.

［55］ 孙博，刘倩倩，王昌海，等. 农户生计研究综述 ［J］. 林业经济，2016
（4）：49-53.

［56］ 孙黄平，黄震方，徐冬冬，等. 泛长三角城市群城镇化与生态环境耦合的
空间特征与驱动机制 ［J］. 经济地理，2017，37（2）：163-170.

［57］ 孙九霞，刘相军. 生计方式变迁对民族旅游村寨自然环境的影响：以雨崩
村为例 ［J］. 广西民族大学学报（哲学社会科学版），2015，7（3）：
78-85.

［58］ 孙九霞，张倩. 旅游对傣族物质文化变迁及其资本化的影响：以傣楼景观
为例 ［J］. 广西民族大学学报（哲学社会科学版），2011，33（3）：7-13.

［59］ 谭昶，吴海涛，黄大湖. 产业结构、空间溢出与农村减贫 ［J］. 华中农业
大学学报（社会科学版），2019（2）：8-17.

［60］ 汤青. 可持续生计的研究现状及未来重点趋向 ［J］. 地球科学进展，2015，
30（7）：823-833.

［61］ 唐承财，钟林生，成升魁. 旅游地可持续发展研究综述 ［J］. 地理科学进
展，2013，32（6）：984-992.

[62] 田逸飘，廖望科，张卫国. 基于生命周期理论的贫困地区特色产业扶贫路径选择 [J]. 农业经济，2019（9）：16-18.

[63] 王瑾，张玉钧，石玲. 可持续生计目标下的生态旅游发展模式：以河北白洋淀湿地自然保护区王家寨社区为例 [J]. 生态学报，2014，34（9）：2388-2400.

[64] 王鹏，田至美. 国内乡村旅游开发模式及其影响因素 [J]. 中国农学通报，2018，34（30）：148-152.

[65] 王庆生，张行发. 乡村振兴背景下乡村旅游发展：现实困境与路径 [J]. 渤海大学学报（哲学社会科学版），2018（5）：78-79.

[66] 王蓉，代美玲，欧阳红，等. 文化资本介入下的乡村旅游地农户生计资本测度：婺源李坑村案例 [J]. 旅游学刊，2021，36（7）：56-66.

[67] 王素洁，刘海英. 国外乡村旅游研究综述 [J]. 旅游科学，2007，21（2）：61-68.

[68] 王兆峰，余含. 张家界旅游产业发展与小城镇建设耦合发展研究 [J]. 经济地理，2012，32（7）：165-171.

[69] 王志印，曹建生，阳辉，等. 关于河北休闲农业与乡村旅游建设的思考：以元氏县为例 [J]. 河北农业科学，2018，22（4）：89-93，96.

[70] 文建东，谢聪. 人口老龄化对收入不平等的影响：基于省域数据的空间计量模型分析 [J]. 南京审计大学学报，2017，14（4）：12-13.

[71] 巫昊燕. 基于精准扶贫的重庆市乡村旅游发展模式及空间分布格局研究 [J]. 中国农业资源与区划，2019（10）：244-249.

[72] 吴海涛，王娟，丁士军. 贫困山区少数民族农户生计模式动态演变：以滇西南为例 [J]. 中南民族大学学报（人文社会科学版），2015，35（1）：120-124.

[73] 吴吉林，刘水良，周春山. 乡村旅游发展背景下传统村落农户适应性研究：以张家界4个村为例 [J]. 经济地理，2017，37（12）：232-240.

[74] 伍艳. 贫困地区农户生计脆弱性的测度：基于秦巴山片区的实证分析 [J].

西南民族大学学报（人文社科版），2015（5）：128-133.

[75] 武少腾，付而康，李西. 四川省乡村旅游可持续发展水平测度 [J]. 中国农业资源与区划，2019（7）：233-239.

[76] 席建超，赵美风，葛全胜. 乡村旅游诱导下农户能源消费模式的演变：基于六盘山生态旅游区的农户调查分析 [J]. 自然资源学报，2011，26（6）：981-991.

[77] 肖佑兴，明庆忠，李松志，等. 论乡村旅游的概念和类型 [J]. 旅游科学，2001（3）：8-10.

[78] 徐春红，丁镭. 环杭州湾大湾区旅游业发展水平测度及创新融合发展研究 [J]. 西安电子科技大学学报（社会科学版），2019，29（3）：15-24.

[79] 徐冬，黄震方，李东晔，等. 胁迫视角下乡村旅游地文化影响研究进展与框架构建 [J]. 人文地理，2019（6）：17-25.

[80] 徐敏，姜勇. 中国产业结构升级能缩小城乡消费差距吗？[J]. 数量经济技术经济研究，2015，32（3）：3-21.

[81] 徐秀美，胡淑卉，旦珍. 旅游扶贫背景下农牧民生计资本可持续性评价：以巴松措景区为例 [J]. 旅游研究，2019（3）：36-45.

[82] 杨佳，周丽君，李秋雨. 吉林省乡村旅游扶贫效率测度及路径优化 [J]. 江苏农业科学，2020，48（1）：21-27.

[83] 杨忍，徐茜，周敬东，等. 基于行动者网络理论的逢简村传统村落空间转型机制解析 [J]. 地理科学，2018，38（11）：1817-1827.

[84] 叶颖，郑耀星. 智慧旅游环境下乡村旅游信息化发展新形势：以福建省为例 [J]. 湖北农业科学，2016（9）：2400-2403.

[85] 易俊卿，吴吉林，麻明友. 传统村落乡村生态旅游对农户可持续生计影响研究：以张家界石堰坪村为例 [J]. 旅游纵览（下半月），2019（10）：90-91，94.

[86] 余利红. 基于匹配倍差法的乡村旅游扶贫农户增收效应 [J]. 资源科学，2019（5）：955-966.

[87] 俞福丽, 蒋乃华. 健康对农民种植业收入的影响研究: 基于中国健康与营养调查数据的实证研究 [J]. 农业经济问题, 2015, 36 (4): 66-71.

[88] 喻忠磊, 杨新军, 杨涛. 乡村农户适应旅游发展的模式及影响机制: 以秦岭金丝峡景区为例 [J]. 地理学报, 2013, 68 (8): 1143-1156.

[89] 袁梁, 张光强, 霍学喜. 生态补偿、生计资本对居民可持续生计影响研究: 以陕西省国家重点生态功能区为例 [J]. 经济地理, 2017 (10): 188-196.

[90] 张爱平. 农业文化遗产旅游地不同类型农户的农地利用行为演变分异: 以哈尼梯田为例 [J]. 旅游学刊, 2020, 35 (4): 51-63.

[91] 张翠菊, 张宗益. 中国省域产业结构升级影响因素的空间计量分析 [J]. 统计研究, 2015, 10 (4): 32-37.

[92] 张大维. 生计资本视角下连片特困区的现状与治理: 以集中连片特困地区武陵山区为对象 [J]. 华中师范大学学报 (人文社会科学版), 2011, 50 (4): 16-23.

[93] 张芳芳, 赵雪雁. 我国农户生计转型的生态效应研究综述 [J]. 生态学报, 2015, 36 (10): 3157-3164.

[94] 张军, 赵一亭. 可持续导向的传统村落旅游服务系统设计研究: 以阿者科为例 [J]. 生态经济, 2019 (12): 222-229.

[95] 张琼. 乡村旅游目的地贫困人口的受益机制构建研究 [J]. 农业经济, 2019 (12): 64-65.

[96] 张香菊, 张康旭, 张红喜. 乡村振兴背景下乡村旅游环境正义实现途径 [J]. 中国农业资源与区划, 2019 (11): 297-302.

[97] 张英龙, 安娜. 民族村镇旅游精准扶贫实证分析: 以湘西州德夯、芙蓉镇、老洞、惹巴拉四村为例 [J]. 中南民族大学学报 (人文社会科学版), 2019, 39 (3): 158-162.

[98] 张勇, 梁留科, 胡春丽. 区域城乡旅游互动研究 [J]. 经济地理, 2011 (3): 509-513.

[99] 张志刚, 张安明, 郭欢欢. 基于 DMSP/OLS 夜间灯光数据的城乡结合部空

间识别研究：以重庆市主城区为例［J］. 地理与地理信息科学，2016，32
（6）：37-42.

［100］ 赵建昌，李云. 中国脱贫攻坚过渡期旅游扶贫的新使命［J］. 未来与发
展，2022，46（3）：16-21.

［101］ 赵雪雁. 地理学视角的可持续生计研究：现状、问题与领域［J］. 地理研
究，2017，36（10）：1859-1872.

［102］ 郑光辉，蒋涤非，陈国磊，等. 中国乡村旅游重点村空间分布格局及影响
机理研究［J］. 干旱区资源与环境，2020，34（9）：194-201.

［103］ 周腰华，宫喜库，潘荣光. 关于辽宁省休闲农业发展的政策建议［J］. 辽
宁农业科学，2019（1）：52-54.

［104］ 朱璇. 新乡村经济精英在乡村旅游中的形成和作用机制研究：以虎跳峡徒
步路线为例［J］. 旅游学刊，2012，27（6）：73-78.

［105］ 朱长宁. 价值链重构、产业链整合与休闲农业发展基于供给侧改革视角
［J］. 经济问题，2016（11）：89-93.

［106］ AHEBWA W M，APORU J P，NYAKAANA J B. Bridging community liveli-
hoods and cultural conservation through tourism：case study of Kabaka heritage
trail in Uganda ［J］. Tourism & hospitality research，2016，16（2）：
103-115.

［107］ ALHAJI B M，RUSMAWATI S，SHAUFIQUE F S. Urban poverty，inequality
and industry in Nigeria［J］. International journal of development issues，2015，
14（3）：249-263.

［108］ ASHLEY C，BOYD C，GOODWIN H. Pro-Poor Tourism：putting poverty at the
heart of the tourism agenda［J］. Natural resource perspectives，2000（51）：1-6.

［109］ ASHLEY C，CARNEY D. Sustainable livelihoods：lessons from early experi-
ence［M］. London：DFID，1999.

［110］ BAUMGARTNER R，HOGGER R. In search of sustainable livelihood systems：
managing resources and change［J］. The journal of agricultural science，2004，

142（6）：705.

[111] BUCKLEY R, SHAKEELA A, GUITART D. Adventure tourism and local live-
lihoods [J]. Annals of tourism research, 2014, 48: 269-272.

[112] CALGARO E, LLOYD K, DOMINEY-HOWES D. From vulnerability to trans-
formation: a framework for assessing the vulnerability and resilience of tourism
destinations [J]. Journal of sustainable tourism, 2014, 22（3）：341-360.

[113] CARNEY D. Sustainable livelihoods approaches: progress and possibilities for
change [M]. London: Department for International Development, 2003.

[114] CHASE L, STEWART M, SCHILLING B, et al. Agritourism: toward a con-
ceptual framework for industry analysis [J]. Journal of agriculture, food systems
and community development, 2018, 8（1）：13-19.

[115] CHEN H Y, ZHU T, KROTT M, et al. Measurement and evaluation of liveli-
hood assets in sustainable forest commons governance [J]. Land use policy,
2013, 30（1）：908-914.

[116] CHENG Q, SASAKI N, JOURDAIN D, et al. Local livelihood under different
governances of tourism development in China: a case study of Huangshan moun-
tain area [J]. Tourism management, 2017（61）：221-233.

[117] CHERNI J A, HILL Y. Energy and policy providing for sustainable rural liveli-
hoods in remote locations: the case of Cuba [J]. Geoforum, 2009, 40（4）：
645-654.

[118] CHOI H C, SIRAKAYA E. Sustainability indicators for managing community
tourism [J]. Tourism management, 2006, 27（6）：1274-1289.

[119] CHOK S, MACBETH J, WARREN C, et al. Tourism as a tool for poverty allevi-
ation: a critical analysis of 'Pro-Poor Tourism' and implications for sustainability
[J]. Current issues in tourism, 2007, 10（2-3）：144-165.

[120] CONROY C, LITVINOFF M. The greening of aid: sustainable livelihoods in
practice [M]. London: Earthscan Publications, 1988.

[121] DALAL-CLAYTON B, DENT D, DUBOIS O. Rural planning in developing countries: supporting natural resource management and sustainable livelihoods [J]. Journal of rural studies, 2004, 20 (3): 373-374.

[122] DER DUIM R V, Tourismscapes: an actor-network perspective [J]. Annals of tourism research, 2007, 34 (4): 961-976.

[123] EBENER S, MURRAY C, TANDON A, et al. From wealth to health: modelling the distribution of income per capita at the sub-national level using night-time light imagery [J]. International journal of health geographics, 2005, 4 (1): 5-17.

[124] ELVIDGE C D, ZHIZHIN M, GHOSH T, et al. Annual time series of global VIIRS nighttime lights derived from monthly averages: 2012 to 2019 [J]. Remote sensing, 2021, 13 (5): 922.

[125] FORBES D J. Multi-scale analysis of the relationship between economic statistics and DMSP-OLS night light images [J]. GIScience & remote sensing, 2013, 50 (5): 483-499.

[126] FOSTER J L. Observations of the earth using nighttime visible imagery [J]. Proceedings of SPIE: the international society for optical engineering, 1983, 414: 187-193.

[127] FOTIADIS A, VASSILIADIS C. Rural tourism service quality in Greece [J]. E-Review of tourism research, 2010, 8 (4): 69-84.

[128] GARROD B, WORNELL R, YOUELL R. Re-conceptualising rural resources as countryside capital: the case of rural tourism [J]. Journal of rural studies, 2006, 22 (1): 117-128.

[129] GASCÓN J. Pro-Poor Tourism as a strategy to fight rural poverty: a critique [J]. Journal of agrarian change, 2015, 15 (4): 499-518.

[130] HWANG J H, LEE S W. The effect of the rural tourism policy on non-farm income in the Republic of Korea [J]. Tourism management, 2015 (46): 501-513.

[131] INGO Z, ANNETTE P. The role of local framework conditions for the adoption

of rural development policy: an example of diversification, tourism development and village renewal in Brandenburg, Germany [J]. Ecological indicators, 2015 (59): 82-93.

[132] IORIO M, CORSALE A. Rural tourism and livelihood strategies in Romania [J]. Journal of rural studies, 2010, 26 (2): 152-162.

[133] JENSEN E. The high impact of low tech in social work [J]. Outlines critical social studies, 2001 (3): 81-87.

[134] KAMWI J M, CHIRWA P W C, MANDA S O M, et al. Livelihoods, land use and land cover change in the Zambezi region, Namibia [J]. Population and environment, 2015, 37 (2): 207-230.

[135] KIM M C. Theory of satellite ground-track crossovers [J]. Journal of geodesy, 1997, 71 (12): 749-767.

[136] KO T G. Development of a tourism sustainability assessment procedure: a conceptual approach [J]. Tourism management, 2005, 26 (3): 431-445.

[137] KRUGMAN P. Increasing returns and economic geography [J]. Journal of political economy, 1991, 99 (3): 483-499.

[138] KUTAY A H, MAHSHID M. Evaluation of Hopa's rural tourism potential in the context of European Union tourism policy [J]. Procedia environmental sciences, 2017 (37): 234-245.

[139] LANE B. Sustainable rural tourism strategies: a tool for development and conservation [J]. Journal of sustainable tourism, 1994, 2 (1-2): 102-111.

[140] LANE B. What is rural tourism? [J]. Journal of sustainable tourism, 2009, 2 (1): 7-21.

[141] LATOUR B. Reassembling the social: an introduction in actor-network-theory [M]. Oxford: Oxford University Press, 2005.

[142] LEPP A, GIBSON H. Tourist roles, perceived risk and international tourism [J]. Annals of tourism research, 2003, 30 (3): 606-624.

[143] LI M P, HUO X X, PENG C H, et al. Global environmental change complementary livelihood capital as a means to enhance adaptive capacity: a case of the loess plateau, China [J]. Global environmental change part A: human & policy dimensions, 2017 (47): 143-152.

[144] LIU W, VOGT C A, LUO J Y, et al. Drivers and socioeconomic impacts of tourism participation in protected areas [J]. Plos one, 2012, 7 (4): 1-14.

[145] LIU Y, XU Y. A geographic identification of multidimensional poverty in rural China under the framework of sustainable livelihoods analysis [J]. Applied geography, 2016, 73 (73): 62-76.

[146] LOPEZ R, VALDES A. Fighting rural poverty in Latin America: new evidence of the effects of education, demographics, and access to land [J]. Economic development and cultural change, 2000, 49 (1): 197-211.

[147] MANUEL V, WILLIAM G, BENJAMIN S. Tourism and poverty reduction: an economic sector analysis for Costa Rica and Nicaragua [J]. Tourism economics, 2015, 21 (1): 159-182.

[148] MBAIWA J E, STRONZA L. The effects of tourism development on rural livelihoods in the Okavango Delta, Botswana [J]. Journal of sustainable tourism, 2010, 18 (5): 635-656.

[149] MBAIWA J E. Community based natural resource management, tourism and poverty alleviation in Southern Africa: what works and what doesn't work [J]. Chinese business review, 2013, 12 (12): 789-806.

[150] MONTALVO J G, RAVALLION M. The pattern of growth and poverty reduce in China [J]. Journal of comparative economic, 2010 (38): 2-16.

[151] NAWROTZKI R, HUNTER L M, DICKINSON T W. Natural resources and rural livelihoods [R]. Demographic research, 2012.

[152] NJOYA E T, SEETARAM N. Tourism contribution to poverty alleviation in Kenya: a dynamic computable general equilibrium analysis [J]. Journal of travel re-

search, 2018, 57 (4): 513-524.

[153] NOOR A M, ALEGANA V A, GETHING P W, et al. Using remotely sensed night time light as a proxy for poverty in Africa [J]. Population health metrics, 2008, 6 (1): 5.

[154] NYAUPANE G P, POUDEL S. Linkages among biodiversity livelihood and tourism [J]. Annals of tourism research, 2011, 38 (4): 1344-1366.

[155] OKAZAKI E. A community-based tourism model: its conception and use [J]. Journal of sustainable tourism, 2008, 16 (5): 511-529.

[156] PAGET E, DIMANCHE F, MOUNET J P. A tourism innovation case: an actor-network approach [J]. Annals of tourism research, 2010, 37 (3): 828-847.

[157] PERDUE R R, LONG P T, ALLEN L. Resident support for tourism development [J]. Annals of tourism research, 1990, 17 (4): 586-599.

[158] PIZAM A. Tourism's impacts: the social costs to the destination community as perceived by its residents [J]. Journal of travel research, 1978, 16 (4): 8-12.

[159] POUTA E, OVASKINEN V. Assessing the recreational demand for agricultural land in Finland [J]. Agricultural and food science, 2008, 15 (4): 375-387.

[160] PROPASTIN P, KAPPAS M. Assessing satellite-observed nighttime lights for monitoring socioeconomic parameters in the Republic of Kazakhstan [J]. GIScience & remote sensing, 2012, 49 (4): 538-557.

[161] QIAO F, ROZELLE S, HUANG J, et al. Road expansion and off-farm work in rural China [J]. China quarterly, 2014, 218 (1): 428-451.

[162] REICHEL A, LOWENGART O, MILMAN A. Rural tourism in Israel: service quality and orientation [J]. Tourism management, 2000, 21 (5): 451-459.

[163] REN C. Non-human agency, radical ontology and tourism realities [J]. Annals of tourism research, 2011, 38 (3): 858-881.

[164] RENUKA M, HIDAYAT A, ANDA N. Regional impacts of tourism-led growth on poverty and income [J]. Tourism economics, 2017, 23 (3): 614-631.

[165] ROBERTICO C, MANUEL A R. Tourism's potential to benefit the poor [J]. Tourism economics, 2017, 23 (1): 29-48.

[166] ROBIN J K. The role of natural capital in sustaining livelihoods in remote mountainous regions: the case of Upper Svaneti, Republic of Georgia [J]. Ecological economics, 2015, 117: 22-31.

[167] ROGERSON C M. Pro-Poor local economic development in South Africa: the role of Pro-Poor Tourism [J]. Local environment, 2006, 11 (1): 37-60.

[168] ROY A. Tourism as an additional source of rural livelihoods: an experience from TWO villages of Rajasthan [J]. Social change, 2013, 43 (4): 617-638.

[169] SCHULTZ T W. Investment in human capital [J]. American economic review, 1961, 51 (1): 1-17.

[170] SHARPLEY R, JEPSON D. Rural tourism: a spiritual experience? [J]. Annals of tourism research, 2011, 38 (1): 52-71.

[171] SHARPLEY R, ROBERTS L. Rural tourism—10 years on [J]. International journal of tourism research, 2004, 6 (3): 119-124.

[172] SHEN F, HUGHEY D, SIMMONS G. Connecting the sustainable livelihoods approach and tourism: a review of the literature [J]. Journal of hospitality and tourism management, 2008, 15 (1): 19-31.

[173] SHI K, HUANG C, YU B, et al. Evaluation of NPP-VIIRS night-time light composite data for extracting built-up urban areas [J]. Remote sensing letters, 2014, 5 (4): 358-366.

[174] SIMPSON M C. An integrated approach to assess the impacts of tourism on community development and sustainable livelihoods [J]. Community development journal, 2007, 44 (2): 186-208.

[175] SIMPSON M C. Community benefit tourism initiatives: a conceptual oxymoron?

[J]. Tourism management, 2008, 29 (1): 1-18.

[176] STONE M T, NYAUPANE G P. Protected areas tourism and community livelihoods linkages: a comprehensive analysis approach [J]. Journal of sustainable tourism, 2016, 24 (5): 673-693.

[177] SU M, WALL G, WANG Y, et al. Livelihood sustainability in a rural tourism destination-Hetu Town, Anhui Province, China [J]. Tourism management, 2019 (71): 272-281.

[178] TAO H, WALL G. A livelihood approach to sustainability [J]. Asia pacific journal of tourism research, 2009, 14 (2): 137-152.

[179] TAO T, WALL G. Tourism as a sustainable livelihood strategy [J]. Tourism management, 2009, 30 (1): 90-98.

[180] ULRICH A, IFEJIKA S C, RODEN P. Small-scale farming in semi-arid areas: livelihood dynamics between 1997 and 2010 inLaikipia, Kenya [J]. Journal of rural studies, 2012, 28 (3): 241-251.

[181] WANG W, LIU J, KOZAK R, et al. How do conservation and the tourism industry affect local livelihoods?: a comparative study of two nature reserves in China [J]. Sustainability, 2018, 10 (6): 1925.

[182] XU D, DENG X, GUO S, et al. Sensitivity of livelihood strategy to livelihood capital: an empirical investigation using nationally representative survey data from rural China [J]. Social indicators research, 2019, 144 (1): 113-131.

[183] XU J, SONG J, LI B, et al. Do settlements isolation and land use changes affect poverty? evidence from a mountainous province of China [J]. Journal of rural studies, 2020, 76: 163-172.

[184] YOU H Y, ZHANG X L. Sustainable livelihoods and rural sustainability in China ecologically secure, economically efficient or socially equitable? [J]. Resources, conservation and recycling, 2017, 120: 1-13.

[185] ZENG B X. How can social enterprises contribute to sustainable Pro-Poor

Tourism development? [J]. Chinese journal of population, resources and environment, 2018, 16 (2): 159–170.

[186] ZHOU L, XIONG L Y. Natural topographic controls on the spatial distribution of poverty-stricken counties in China [J]. Applied geography, 2018, 90 (1): 282–292.